四川大学双一流学科建设平台支持

集成推进统筹城乡综合改革风险评估研究

JICHENG TUIJIN TONGCHOU CHENGXIANG
ZONGHE GAIGE FENGXIAN PINGGU YANJIU

衡 霞 谭振宇 著

人民出版社

目　录

前　言

　　中央全面深化改革领导小组第二十二次会议提出"推进改革要树立系统思想,推动有条件的地方和领域实现改革举措系统集成"以来,①集成改革已经成为全面深化改革的纲领性指导思想。通过集成改革,有利于改变现有零敲碎打、单兵突进的改革方式,促进改革要素的系统集成和协同集成,深入推进统筹城乡综合配套改革,这也是各地缩小城乡差距、实现城乡基本公共服务均等化、促进社会公平的重要手段,也是直接影响各地同步实现全面建设小康社会奋斗目标的关键点。为了客观了解全国集成推进统筹城乡综合配套改革示范建设的主要做法和取得的成效,分析面临的问题与各种障碍,重点评估集成改革中的风险,有助于研判全国统筹城乡综合改革面临的改革条件,进一步深化改革的重点任务与关键环节,本书首先对全国各地集成推进统筹城乡综合改革进行了抽样调查,以便准确把握各地集成改革现状与公众需求,归纳总结成效与经验,发现推进中的难点与问题,尤其是风险因素,为深化改革提供解决方案奠定基础,最大程度发挥集成改革示范的政治价值与社会价值,彻底消除城乡隔离阶段累积的制度障碍。

　　本书利用集成创新理论,遵循"发现问题——分析问题——解决问题"的研究思路,系统地分析全国各地集成推进统筹城乡综合改革示范建设现状,主要工作分为四步:第一步是基本情况调查。在部分地区的城乡统筹发展委员会的协调下,通过座谈会、实地考察、专家咨询等调研方式,对多个市、区、镇进

---

　　①　《习近平主持召开中央全面深化改革领导小组第二十二次会议强调　推动改革举措精准对焦协同发力　形成新发展理念的体制机制》,《人民日报》2016 年 3 月 23 日。

行调查,从区县和乡镇政府、企业、村社干部、普通民众的座谈与深度访谈中了解各地集成推进统筹城乡综合改革的现状,全面总结集成改革的实施情况。第二步是问题诊断。在厘清集成推进统筹城乡综合改革的基础理论、制度环境和现实基础之上,采取问卷调查和深度访谈相结合的方式,深入村社进行一对一访谈,通过定量分析和需求调查,从客观和主观双元维度科学测度当前集成改革现状,发现推进集成改革中的问题、原因与风险态度、风险源等。从而了解集成的现状是分类集成还是整体集成?系统、协同和人才等三个关键问题是否陷入路径锁定状态?官僚理性运作是否可能引致改革实践背离改革应然运行逻辑,进而导致风险与责任在城乡统筹的集成改革中未被有效匹配并呈现出风险扭曲现象?第三步是科学评估。在统筹城乡发展中,集成改革风险评估体系涉及了价值理性、工具理性等多方面的研究与分析。因此,本书从理论与实践的角度出发,对评估体系作出了深入的分析,明确了评估的主体、评估的内容以及评估的程序;同时,本书将该部分的重点放在了评估指标体系的研究上,在确定指标体系构建的价值取向与基本原则上,运用软件 N-VI-VO10.0 所进行的文本研究法、德尔菲法以及层次分析法确定风险评估指标和权重;通过对调研地市、区(县)、乡镇的政府工作人员,以及从事相关研究的高校学者进行调查基础上,对全国各地集成改革风险运用层次分析和模糊综合评价法对各种数据进行量化处理,评估得出集成改革中各类风险的临界值,为地方政府决策提供借鉴依据。第四步是对策探讨。坚持以经验总结为前提、以解决突出问题为导向,根据集成改革风险评估结果,提出较高发生概率风险和临界值边缘风险防范的有效途径,从而有利于进一步提升地方政府关于集成改革风险的决策,同时又有利于各个地参照本书的计算公式,核算本区域集成改革的风险值,以提前做好预警方案和防范措施。

导　　论

第一节　　研究背景与研究意义

一、研究背景

(一)集成推进统筹城乡综合改革是国家治理思维转向的战略要求

不同时代背景的国家治理思维有不同的形式和内容,集成思维强调系统内部和内外之间的双向交互作用的整合效应。我国城乡综合改革已经从城乡统筹的单兵突进形式向城乡一体和城乡融合方向进行转变,侧重于系统性、整合性、协同性和倍增性的改革功能。因此上至国家层面下至地方政府层面均在城乡综合改革中重视集成思维的运用。十八届三中全会对全面深化改革进行了总体部署,强调要"凝聚共识、统筹谋划、协同推进",首次明确改革的协同集成目标;紧接着在 2016 年 3 月,习近平在中央全面深化改革领导小组第二十二次会议上强调,推进改革要树立系统思想,推动有条件的地方和领域实现改革举措系统集成,①尤其强调同一领域改革举措的前后呼应、相互配合。至此,以系统集成理念谋划改革、以系统集成思维聚力改革、以系统协同模式整体推进改革成为当今中国凝聚共识、催生改革动力的关键。

成渝两地作为全国率先进行统筹城乡综合配套改革的试验区,到目前为止,不仅为全国提供了数十条成熟经验,城乡统筹成效也非常显著,城乡居民

---

① 《习近平主持召开中央全面深化改革领导小组第二十二次会议强调　推动改革举措精准对焦协同发力　形成落实新发展理念的体制机制》,《人民日报》2016 年 3 月 23 日。

收入差距(1.89∶1)远远低于全国的 2.92∶1。有鉴于先行先试的特权,成渝两地统筹城乡改革与发展进程中,不断地转换思维、持续多领域创新,早在 2012年前后就提出了"典型引路、示范带动、整镇打造"的城乡统筹发展思路,以"创新性、集成性、可推广性"为价值导向,在示范镇和示范片中集中试验改革新举措,集成推广改革经验。这一方面符合了四川省和重庆市的"多点多极支撑是总揽,'两化'互动、城乡统筹是路径,创新驱动是动力"的发展战略和十三五规划中关于城乡统筹、产村相融的长期规划;另一方面也符合了两地在《统筹城乡中长期规划》中的"城乡一体、和谐相融的幸福城市"的目标定位。在国家治理思维转向的大背景下,尽管各地已经提前启动了统筹城乡的集成改革工作,但如何实现政府有为而不包办,如何有效有效地纵深推进集中、集成,将是未来工作的重点。

(二)集成推进统筹城乡综合改革是成渝经验整合增效的现实需要

自 2007 年以来,成渝两地全域推进统筹城乡综合改革,先后在农村产权制度、户籍制度、农村基层社会治理等多个领域进行改革创新;同时,在城乡建设、城乡产业、城乡公共服务、城乡社会治理、城乡制度等多个领域实现统筹,并形成十条国家经验在全国推广。其次,成渝两地的许多乡镇还分别是各个层级的改革示范区,共有国家层面部署的改革试点、省级层面部署改革试点、市级层面部署改革试点数百项,为两地统筹城乡综合改革的协同并进、攻坚突破打下了坚实的基础。第三,各地各区(县)和镇村还进行了自主性的探索与创新,如四川省的郫县古城镇成立了全国第一家村给资产管理公司,成为第一个用土地整理指标进行贷款的乡镇,为集成推进"8+1+N"项改革的集中集成提供了示范价值。最后,各地自 2013 年启动集成推进统筹城乡综合改革示范建设以来,一批示范镇和示范片的集成改革已经实现了整体功效的提升,形成了叠加效应。

因此,如何将成渝两地已有的探索经验在示范镇和示范片内集成,以及在其他区域推广,如何在集成要素的耦合匹配中凸现倍增效应,怎样及时归纳、总结、提炼相关经验并促进未来改革等等,最大程度地发挥集成改革示范的政治价值与社会价值,是各地统筹城乡综合改革的现实需要。从成渝两地和其他地区的集成改革经验来看,统筹城乡发展中的集成改革必须要解决三个问题:一是系统集成,即不是所有要素在示范区域的简单叠加实施,而是一个"化"的过程;二是协同集成,即通过信息化网络应用实现各要素的协同运作;三是人才集成,即示范区域要有能担当'集成改革与创新'大任的人才。从地方政府统筹城乡综合改革实践和农村人才素质的不断提升,集成改革不仅实现了资金、组织、制度和人才的集成,还大力营造集成改革的社会环境;不仅最大程度发挥集成改革示范的政治价值与社会价值,还努力彻底消除城乡隔离阶段累积的制度障碍。由此可见,集成推进统筹城乡综合改革是成渝试验区和其他探索型地区经验整合增效的现实需要。

(三)集成推进统筹城乡综合改革是实现发展成果共享的必由之路

在长期的统筹城乡发展进程中,我国城镇人口占总人口比重(城镇化率)为58.52%。[①] 根据国际惯例,城镇化率由30%上升到70%的过程是经济快速发展的黄金时期。目前,城镇居民人均可支配收入19770元,农村居民人均可支配收入7142元,城乡居民收入倍差2.77倍,城乡居民收入差距进一步缩小;截至2015年,全国6个地区具有农业经济的结构特征、16个地区具有工业经济的部分特征、7个地区具有工业经济的结构特征、5个地区具有服务经济的经济特征,[②]三次产业结构比为8.8∶40.9∶50.2,成渝两地的三次产业结构比更低,为3.5∶43.7∶52.8,这表明城乡统筹发展成效显示,改革促使城乡产业结构变迁更加符合产业结构演变规律。正如十八届五中全会指出:"坚持共享发展,必须坚持发展为了人民、发展依靠人民、发展成果由人民共享,作出更有效的制度安排,使全体人民在共建共享发展中有更多获得感,增强发展动力,增进人民团结,朝着共同富裕方向稳步前进。"迄今为止,集成推进统筹城乡综合改革示范建设,不仅保障了生产要素的平等交换、公共资源的均衡配置,还推动了农村社区治理模式的不断创新、实现了产村相融和三产联动目标。各地探索集成改革的路径基本上都是以项目申报为基础,以整镇为核心连片推进;以服务价值和能力在变革中重塑为手段,促进管理与技术在集

---

① 《我国城镇化率升至58.52%》,新浪网,http://news.sina.com.cn/c/2018-02-05/doc-ifyremfz4981163.shtml。

② 《〈中国现代化报告2018〉聚集产业结构》,新华网,http://www.xinhuanet.com/2018-09/16/c_1123435864.htm。

成中的创新;以产业集成为动力、以资金集成为重点,强化了集成改革的管理职能创新和多元投入保障。正是集成改革逐步建立以权利公平、机会公平和规则公平为基础的更有效的制度安排,才使其取得显著的改革成效,实现了城乡居民对发展成果的共享。

共享发展与集成改革进程中,利益相关者的目标不同,但均很清晰。从市级政府以上层面来讲,城乡与各区(县)间的统筹发展、均衡发展,并以此推动产村相融、两化互动、三产联动等目标;对区(县)级政府来讲,示范片和示范镇的选择可能是基于良好产业基础的锦上添花,也有可能是基于区(县)内部均衡发展的示范带动,缩小城乡差距;对于普通民众来讲,参与集成改革可以让自己有大胆创新与试错的机会,并在集成改革中解决自身发展在人才、资金、制度等方面的瓶颈问题。由此可见,集成推进统筹城乡综合改革示范建设,可以有效集成不同参与主体的知识、技术、资金、管理、文化以及制度等在内的各种要素,更多地占有市场份额,创造更大的经济效益;可以有效集成利益相关者分别拥有的战略设计能力、政策执行能力、产业发展能力、制度创新能力等,如果这些能力能够集中在一个集成创新系统里,在集成改革中取长补短、借力发展,在实现"1+1+……+1>N"的总体目标中实现各自的目标,还能为可持续的集成创新和发展成果共享提供必要条件。

(四)统筹城乡综合改革进入集成攻坚阶段

我国城乡综合改革已经进入全面深化阶段,零敲碎打、单兵突进已不足以完成改革任务,必须加强全面深化改革各项措施的系统集成,十八届三中全会对改革的总体部署就是要求各领域改革和改革的联动和集成。自2007年以来,四川省在全省开展"分类实施"、"梯度推进"的统筹城乡综合配套改革试点,集中试验改革已经从单项、单地的破题探索向集中、集成的纵深推进,四川省十三五规划中再次强调要依托成德绵开展系统性、整体性、协同性改革的先行先试;湖北省仙人渡镇针对每条具体的集成改革措施进行了绩效评估,并在全镇集中推广集成9条镇域改革经验,并成为全省典型;重庆市燕坝村作为统筹城乡示范点之一,自2011年起按照"农民集中居住、土地集中经营、产业集中发展,村集体和农民个人收入不断增加"的统筹城乡改革发展思路,以农村土地整治、农村建设用地复垦、巴渝新居建设、现代农业产业培育"四位一体"

为主要内容的集成改革,截至目前已经成为重庆市百强村之一;福建古田镇自2010年起积极开展资金集成、组织集成、政策与制度集成,最终推动产业集成,实现了三产联动,成为城乡统筹和农村现代化发展的典型样本。

由此可见,改革举措的系统集成是趋势。自2010年以来,全国各地有条件的区域已经率先在部分乡镇试点区探索统筹城乡综合改革的集成样本,基本实现统筹城乡综合改革的整体功效倍增,并形成叠加效应。在风险社会里,改革也是对公共风险的权威性再分配,是应对公共政策失灵的一项救济手段。但是,在统筹城乡发展的集成改革创新阶段,官僚理性运作将有可能引致改革实践背离改革应然运行逻辑,进而导致风险与责任在城乡统筹的集成改革中未被有效匹配并呈现出风险扭曲现象。因此,评估集成推进统筹城乡综合改革风险是对改革中最差情况的风险思考,将有利于集成改革的系统性思维生成,确保改革风险的合理释放与公平化解,促进城乡统筹集成改革目标的实现。

(五)集成改革过程中的风险值得警惕

我国城乡综合改革已经进入全面深化阶段,零敲碎打、单兵突进已不足以完成改革任务,必须加强全面深化改革各项措施的系统集成,十八届三中全会对改革的总体部署就是要求各领域改革和改革的联动和集成。各地自2010年启动集成改革以来,在促进改革要素的系统集成和协同集成,深入推进统筹城乡综合配套改革,缩小城乡差距、实现城乡基本公共服务均等化、促进社会公平等方面取得了显著成效,对各地统筹城乡综合改革事业做出了巨大的贡献,作为集成思想和制度在统筹城乡方面的创新实践,各地的经验给全国统筹城乡改革提供了新的思路。

但是,集成推进城乡统筹综合改革作为一种新兴事物,同任何一项制度创新一样,在实践过程中也面临了一些问题和风险,这将影响该项改革的正常运行和未来发展。尤其是在风险社会里,改革也是对公共风险的权威性再分配,是应对公共政策失灵的一项救济手段。但是,在统筹城乡发展的集成改革新阶段,官僚理性运作将有可能引致改革实践背离改革应然运行逻辑,进而导致风险与责任在城乡统筹的集成改革中未被有效匹配并呈现出风险扭曲现象。2016年以来,笔者以四川省社科课题"集成推进统筹城乡综合改革风险评估"

为契机进行了深入研究,发现各地在集成改革时面临的最大问题就是政治风险、制度执行风险、社会风险、经济风险,对此,笔者对全国统筹城乡发展中的集成改革现状与风险进行了全面系统的梳理和科学评估,以有助于地方政府建立有效的防范控制体系,并采取有效的管理方法和制定配套的政策措施以保证集成改革平稳、有序的运行,确保改革风险的合理释放与公平化解,促进城乡统筹集成改革目标的实现。

二、研究意义

(一)理论意义

1. 扩展了统筹城乡发展的理论研究视阈。

国内学界的现有研究倾向于统筹城乡发展的理论研究与实证研究,并将研究焦点放在公平价值导向上,重点分析统筹城乡改革与发展中的问题及解决办法,忽略了改革中相关政策失灵,以及政策供给与需求不匹配等问题引发的群众参与意识销蚀风险、经济发展不均衡风险、政治风险等,尤其缺乏对多数地方自 2010 年推进集成改革以来产生的风险问题的关注。因此,本研究以社会稳定为研究视角,从城乡统筹的集成改革风险现状出发,结合社会风险理论对集成改革过程中产生的社会稳定风险进行理论研究,拓展了统筹城乡综合改革的理论研究视阈,并试图通过该研究完善统筹城乡集成改革的基础理论体系。

2. 拓展了社会稳定风险评估的研究范围。

传统的社会稳定风险评估以政府决策为导向,将研究范围粗放地划分为政策制定、公共服务以及公共安全三个方面,并仅对涉及以上三方面的事件进行风险评估研究。但是,社会的进步以及公民意识的觉醒改变了公民对社会事务的意愿度、支持度、反对度以及容忍度,更多的社会事项、问题被提升到影响社会稳定的理论高度进行研究,需要从社会稳定风险层面探讨的事项逐步攀升。因此,本研究突破原有三方划分的社会稳定风险评估范围局限,将集成推进统筹城乡综合改革囊括于评估之中,对集成改革过程中可能造成的社会风险因素进行探究,扩展了社会稳定风险评估的研究范围。

（二）现实意义

1. 有助准确识别风险。通过风险评估，对集成改革风险的大小及重要程度有了直观的量化认识，有助于我们把握住各地集成推进城乡统筹综合改革实践中的主要风险。集成改革首先是集成了诸多制度、整合了诸多部门，打破了资金的传统使用路径和政策实施的管理边界，也引发了基层工作人员对集成改革的抵触，因而了解制度改革风险与执行及其边界是上级政府有针对性地防范风险，进而调整政策和改革思路的关键

2. 有助于防范风险。在对风险进行评估的基础上，具体针对主要风险提出相应的防范策略，能够有效规避、减小风险，以保证集成改革实践有效推进。集成推进统筹城乡综合改革中，无论是区县政府工作人员还是乡、村干部，均对集成改革有所抵触，与市、省级政府层面的改革理念不同步，这是导致改革风险向上转嫁的主要原因。因此，如何改变各级干部的集成改革理念、完善制度间的平衡机制、保障改革必需的基础性资源、保障相关利益主体权益等，对地方政府集成推进统筹城乡综合改革具有一定的现实意义。

3. 对未来的深化改革提供经验借鉴。

探清集成改革制度的风险来源及产生机理，对下一步开展统筹城乡工作以及完善集成改革制度具有较大的参考意义。集成改革是一项创新探索，城乡统筹发展进程面对诸多利益相关者和行业，不同群体、不同行业和产业对改革的认知存在较大差异，由此产生的风险也具有多元性和不可控性，只有弄清楚统筹城乡发展进程中集成改革的风险来源与形成机理，才能有助于制度的完善和城乡一体进程。

4. 促进地方政府统筹城乡改革实践的创新与发展

统筹城乡综合改革已经从单项、单地的破题探索向集中、集成的纵深推进，但是各项改革举措在集成推进中是否存在线性干扰？否实现了倍增效应？官僚理性运作是否引致改革实践背离改革应然运行逻辑，进而导致风险与责任在城乡统筹的集成改革中未被告有效匹配并呈现出风险扭曲现象等。因此，评估集成推进统筹城乡综合改革风险是对改革中最差情况的风险思考，将有利于集成改革的系统性思维生成，确保改革风险的合理释放与公平化解，促进城乡统筹集成改革目标的实现和城乡社会的稳定。

第二节　文献综述

一、统筹城乡综合改革

(一)国内关于统筹城乡综合改革研究

1.总体情况概述

以"统筹城乡综合改革"为主题词进行模糊匹配检索,在中国期刊网(CNKI)共有相关文献4411篇,来源于中文社会科学引文索引(CSSCI)12篇。以中国期刊网为搜索对象,截至2006年年底,"统筹城乡综合改革"研究的学术关注度(文献发文量)迅速升高,持续几年保持在比较高的热度,而从2012年以后至今,热度在较高的水平上上保持持续降温(如图0-1所示)。

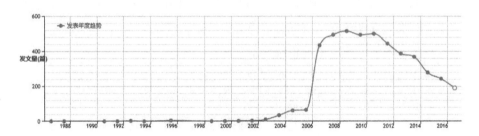

图0-1　统筹城乡综合改革学术关注度示意图

资料来源:根据 CNKI 数据绘制所得。

截取 1990—2016 年近 30 年间主题为"统筹城乡综合改革"的所有文献,构建近 30 年的关键词共现网络,如图 0-2 所示,根据共现网络统计出排名前20 的高频关键词(如图 0-2 所示),这些高频关键词是国内统筹城乡综合改革研究领域的专业术语,集中体现了这 30 年间这一主题的研究关键、热点前沿所在。

由图中可以看出,统筹城乡综合改革的研究对象主要集中在成都和重庆两个城市,而相关研究重点集中在城乡一体化建设、新型城镇化、新农村建设、土地流转、社会保障、农民工问题以及统筹城乡的影响因素、解决对策等等,由此看出集成改革和统筹城乡的风险评估在目前的研究中并未广泛涉足,仍属于存有施展空间的研究问题。

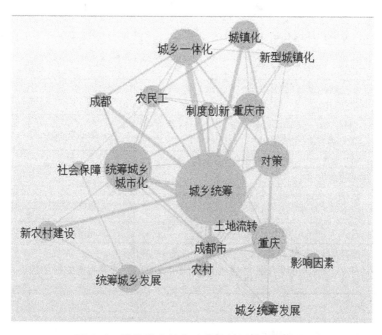

图 0-2　统筹城乡综合改革关键词共现网络图

资料来源:根据 CNKI 数据绘制所得。

　　以集成的方式推进统筹城乡综合改革是福建、重庆、湖北、浙江和四川省自 2009 年以来逐步推行的做法,在国外以及国内其他地区均尚未有以"集成推进统筹城乡综合改革"作为关键词的做法与文献研究。在 CNKI 进行文献模糊搜索,共搜集到相关文献 10 篇(如表 0-1 所示),其中第二篇和第六篇分别提到了各地集成改革的具体做法,其余的文章与集成改革并无较大相关性,都不具有专业的学术研究价值,因此本书不单独把集成推进统筹城乡综合改革作为关键词进行文献回顾,仅做简单梳理。

表 0-1　"集成推进统筹城乡综合改革"文献梳理

编号	论文	期刊	年份
1	现代都市农业发展障碍研究	《西南大学》	2011
2	集成综合改革　推进成片示范	《先锋》	2015

编号	论文	期刊	年份
3	覆盖城乡居民社会保障管理体制研究	《西南财经大学》	2010
4	公共选择下的山区农村经济协同发展问题研究	《西南大学》	2012
5	中国新型农村合作医疗制度可持续发展研究	《复旦大学》	2008
6	"两化"互动"三产"联动 郫县大力推进新一轮统筹城乡发展战略	《中国乡镇企业》	2012
7	洞头县"三分三改"背景下的农村土地产权问题研究	《浙江海洋学院》	2014
8	基于城乡统筹的县域村镇体系规划编制研究	《湖南大学》	2010
9	以人为本的城镇化研究	《湘潭大学》	2014
10	加强农业科技创新 提高农业综合生产能力——在贵州省农业科学院百年庆典上的讲话	《贵州农业科学》	2005

2. 统筹城乡综合改革的内涵分析

2007 年 6 月 7 日,继上海浦东新区、天津滨海新区被国务院批准为国家综合改革试验区之后,国家发展和改革委员会下发《国家发展改革委关于批准重庆市和各地设立全国统筹城乡综合配套改革试验区的通知》,正式批准重庆市和各地设立全国统筹城乡综合配套改革试验区。设立成渝试验区要求重庆和成都两市根据统筹城乡综合配套改革实验的要求,全面推进各个领域的体制改革,并在重点领域和关键环节率先突破,逐步建立较为成熟的社会主义市场经济体制,基本形成强化经济发展动力、缩小城乡区域差距、实现社会公平正义、确保资源环境永续利用以及建设社会主义新农村的理论架构、政策设计、体制改革及经济发展、社会和谐的综合模式,因此具有了丰富的内涵,目前并无统一定义,不同的学者从不同的角度给出了其内涵解析。

一是强调城乡统筹发展中城乡地位的平等性。陈希玉(2003)认为,统筹城乡就是改变和摈弃过去重城市、轻农村,"城乡分治"的传统观念和做法,通过体制和政策的改革与调整,消除城乡之间的樊篱,破除城乡"二元结构",将城乡作为一个整体来统筹规划发展,并把解决"三农"问题放在优先位置,促进城乡协调发展。① 姜作培(2003)认为,统筹城乡发展起码应包括城乡地位平等、城乡开放互通、城乡优势互补和城乡协调发展等内容,强调城乡之间的地位与关系。②

二是强调城乡资源与要素的协调与流动。鞠正江等(2006)认为,从城乡经济社会发展的资源流动与协调的角度分析,提出实现城乡统筹要实现城乡的经济资源、政治资源和社会资源的统筹发展。③ 赵彩云(2008)认为统筹城乡综合配套就是将工业化、城镇化、新型农业体系建设德国有机结合起来,促进城乡关系统筹、城乡要素统筹和城乡发展统筹,以解决农村、农业和农民问题,实现城乡融合和城乡一体化发展。④ 王旭东、杜雪(2013)的研究提出,统筹城乡就是打破城乡分割局面,促进资源要素在城乡的合理配置以逐步消除城乡二元结构,消除城乡差距。⑤

三是强调城乡的互补与城乡差异的缩小。学者田美荣、高吉喜(2009)认为,城乡统筹发展就是要实现城乡之间生产要素的合理流动和优化组合,在一定经济发展水平下,逐步缩小基础设施、公共服务水平等方面差距,并使城乡之间各具特色,优势互补。⑥ 安歌军、赵景峰(2012)的研究认为,统筹城乡发展就是统筹城乡体制改革、政策转型和经济社会结构的战略性调整,实现工业与农业、城市与农村、市民与农民的协调发展。⑦

3. 统筹城乡发展的理论及模式研究

统筹城乡发展的理论主要来源于国外,目前主要的统筹城乡发展理论包

---

① 《我国城镇化率升至 58.52%》,http://news.sina.com.cn/c/2018-02-05/doc-ifyremfz4981163.shtml。

② 《〈中国现代化报告 2018〉聚集产业结构》,http://www.xinhuanet.com//2018-09/16/c_1123435864.htm。

③ 陈希玉:《论城乡统筹》,《发展论坛》2003 年第 10 期。

④ 姜作培:《统筹城乡发展——主要矛盾和出路分析》,《理论前沿》2003 年第 11 期。

⑤ 鞠正江:《推进社会主义新农村建设的几个着力点》,《理论学习》2006 年第 7 期。

⑥ 赵彩云:《我国城乡统筹发展及其影响因素研究》,中国农业科学院 2008 年硕士学位论文。

⑦ 王旭东、杜雪:《我国统筹城乡发展演变和模式简述》,《生产力研究》2013 年第 8 期。

括系统论理论和共生论理论,针对系统论主要有学者阎星等(2008)认为,从系统目标看,城乡统筹发展是系统需要实现的总体目标,在总体目标之下有三大子目标支撑,即城乡产业协调发展、城乡要素合理流动及城乡公共服务均衡化,各子目标系统又由五大子系统构成,各子系统相互作用与影响。[①] 而共生论的代表学者曲亮、郝云宏(2004)根据城乡统筹发展的内涵及目标,从种群生态学的共生理论角度,将城市和农村作为两个具有复杂相关关系的生态有机种群,分析城市和农村的共生单元、共生模式、共生环境和共生界面,从而提出城乡统筹关系的共生理论。[②]

在统筹城乡改革的模式方面,由于经济、社会、政治、历史和自然条件等方面的差异,我国不同地区形成了许多各具特色的统筹城乡发展发展模式。滕飞(2012)根据地域特征,将统筹城乡发展分为省域型和都市型两种模式。省域型主要充分发挥中心城市的经济辐射能力强的作用,以大城市大农村为主要特征,引领周边卫星城及小城镇发展,为农村剩余生产要素提供流通市场,促进城乡之间的要素流动,加强区域城乡协调发展,如浙江省、重庆市;都市型是以强大的中心城市为依托,依靠中心大城市的"扩散效应",带动大城市周边小农村地区的工业发展及农业的现代化发展,促进城乡经济社会发展的一体化,如北京市、各地。[③] 刘荣增(2007)根据区域空间相互作用的特点,将城乡统筹发展总结为三种模式,即都市区辐射带动型、经济廊道带动型、小城镇带动或乡村自发型。[④] 张晖(2012)总结我国统筹城乡发展实践,提出以城市为主导、以乡镇企业为主导和以城乡为整体进行统筹规划的三种统筹城乡发展模式。[⑤]

4.统筹城乡综合改革的路径研究

"以人为本"是统筹城乡发展的核心,城市和农村、农业和非农产业的协

---

① 田美荣、高吉喜:《城乡统筹发展内涵及评价指标体系建立研究》,《中国发展》2009年第5期。

② 安歌军、赵景峰:《基于统筹城乡发展的陕西新农村建设思路研究》,《林业经济》2012年第2期。

③ 阎星、李霞、高洁:《基于系统理论的统筹城乡发展研究》,《经济社会体制比较》2008年第5期。

④ 曲亮、郝云宏:《基于共生理论的城乡统筹机理研究》,《农业现代化研究》2004年第9期。

⑤ 滕飞:《重庆市统筹城乡发展路径研究》,重庆工商大学2012年硕士学位论文。

调发展是统筹城乡发展的目的。在统筹城乡发展过程中,如何正确处理资源配置过程中的效率与公平,以及如何通过财政、金融、投资和产业等政策的调节和引导使社会资源的流向能促进城乡经济社会各个层面、各个环节有序、高效运行是实现城乡统筹发展的着力点。目前的文献中,关于统筹城乡对策研究的切入点主要包含几个,一是强调政府改革与制度创新,张秋(2010)认为促进城乡一体化发展的制度建议是:改革现行城乡分离的户籍制度;建立城乡统一的劳动就业市场与就业制度;改革农村的土地制度,统筹城乡土地管理;拓宽社会保障覆盖范围,统筹城乡社会保障制度;建立城乡统筹的财税制度,统筹城乡公共基础设施投资与建设。① 姜作培(2003)认为,统筹城乡发展要实行三项政策向农村倾斜(政府积极的财政政策、金融货币政策、利用外资政策),深化四项制度改革(农村税费改革、户籍制度改革、城乡就业体制改革、社会保障制度改革)。陈明红(2013)从四川省在贯彻"两化"互动与统筹城乡发展中提出,要通过促进公众在重大决策与环境保护中的参与度、加强失地农民权益保护和加强文化建设等措施来提升城乡居民幸福感,推进统筹城乡发展。② 吴根平(2014)认为实现统筹城乡一体发展需要加快建立和完善城乡融合与一体化发展的基本公共服务均等化的体制机制。③ 二是加强城市和农村之间的良性互动,杜文龙、侯远志(2013)从城乡产业化经营互动的角度提出促进城乡统筹发展对策,认为通过构建产业链有利于城乡的生产要素合理配置、产业链的合理布局和避免区际经济摩擦以增强区际产业竞争力。④ 李钒、侯远志、张燕君(2013)的研究也认为,通过加强构建城乡产业链在促进城乡融通、连通城乡产业、促进城乡就业和缩小城乡差距等方面有着积极的作用。⑤ 三是提高资源配置加快要素流动,高焕喜、吴炜峰(2007)认为,城乡统筹是一个长期的动态发展过程,为确保城乡统筹的有效推进,应构建资源能源统筹配置机制、产业发展与推动机制、生态环境统筹机制、就业统筹机制、公共

---

① 刘荣增:《把城镇密集区率先建设城乡统筹示范区的构想》,《城市发展研究》2007 年第7 期。

② 张晖:《我国统筹城乡发展模式的反思及矫正建议》,《中州学刊》2012 年第 11 期。

③ 张秋:《美日城乡统筹制度安排的经验及借鉴》,《亚太经济》2010 年第 3 期。

④ 姜作培:《统筹城乡发展——主要矛盾和出路分析》,《理论前沿》2003 年第 11 期。

⑤ 陈明红:《"两化"互动、统筹城乡与国民幸福感》,《农村经济》2013 年第 11 期。

产品公平分配与平等服务机制、政策法规保障机制等城乡统筹的有效机制。[1] 郭淑芬(2011)在分析城乡发展关系的四个阶段演变后,提出要加大城乡之间资源的"正向配置"调控力度,即尽快遏制城乡之间资源的"逆向配置"的暗流,继续打破城乡制度壁垒并防止新的城乡制度壁垒出现。[2] 王友华、吴玉锋、郑美雁(2013)从农村居民进城愿望的角度分析,认为地方政府要合理引导农村居民外出务工,以提高他们的劳动技能,开阔他们的视野,从而推进农村劳动力合理流动,推进城镇化与城乡统筹发展。[3] 四是挖掘并发挥农村的主体功能,祁晓玲、赵华、何燕(2012)认为统筹城乡改革中,农民问题的核心是农民的权益保障问题,包括经济权益、社会权益、政治权益。[4] 王骏(2008)认为要充分发挥企业和农民在统筹城乡综合配套改革中的主体作用;[5]王卫星(2011)认为,要加大农村投入以实现城乡基本公共服务均等化,加强农民权益保障以切实维护农民平等的公民权。

5. 当前统筹城乡综合改革的困境分析

根据调查,当前统筹城乡综合配套改革试验试点地区在实施创新产业互动发展机制,构建新型城乡形态,加强耕地保护和土地节约利用,健全城乡就业和社会保障体系,实现基本公共服务均等化等方面,为全国深化体制改革提供了一定的经验和示范,但随着城乡发展一体化的深入,也面临若干需要进一步研究和解决的问题。

一是以统筹城乡的思路推进新型城镇化的思路还不够丰富。农民向城镇转移的渠道和机制不畅通,虽然试点地区已在部分区县开展了农民自愿有偿退出宅基地、承包地的试点,但对农民退出后的宅基地如何补偿、使用以及其

---

[1] 吴根平:《统筹城乡发展视角下我国基本公共服务均等化研究》,《农村经济》2014 年第 2 期。

[2] 杜文龙、侯远志:《产业链构建与统筹城乡发展的互动机理研究》,《商业时代》2013 年第 6 期。

[3] 李钒、侯远志、张燕君:《产业链构建与统筹城乡发展研究》,《山东社会科学》2013 年第 8 期。

[4] 高焕喜、吴炜峰:《机制、机制形成和我国城乡统筹机制形成》,《华东经济管理》2007 年第 9 期。

[5] 郭淑芬:《论资源型区域城乡统筹的特殊性》,《中国城市经济》2011 年第 9 期。

集体经济组织成员权利怎样保护等还没有具体的政策,农民对此心存顾虑,不愿进城或者即使进城居住也不愿落户。中小城市和城镇作为接纳农民进城的综合承载能力亟待提高,基础设施互联互通、共建共享"短板"比较突出,尚不能满足日益增加的城镇常住人口的需求住人口的需求。

二是有效增加农民财产性收入的长效机制还未真正建立。以成都为例的试点地区进行了多年的产权制度、金融制度改革,但因城乡统一的农村产权交易市场培育发展不成熟,农民产权意识不强,以及产权流转交易、抵押融资等面临着法律法规和政策等方面的障碍,在推动农村产权流转交易、抵押融资以及吸引社会资本下乡方面成效不够明显,存在土地确权后流转不畅等问题。而集体建设用地开发利用处于试点阶段,与城乡统一建设用地市场、实现国有和集体土地同地同权同价还有相当距离,①给现实中改革的操作带来了难题。农村集体经济发展较弱,农民从中获得持续稳定性收入较少。深化以农村产权流转交易、抵押融资和集体资产股份化改造为重点的城乡要素自由流动改革,畅通农村资源向资本转化渠道,激活农村资产资源活力,协助产业融合有效增加农民财产性收入的各项举措尚待进一步落实。②

三是农民群众在统筹城乡中的积极性和主动性发挥得还不够。以成都为例的部分试点地区在统筹城乡中一直积极探索建立以村民议事会制度为核心的农村基层治理新机制,但部分议事会成员议事决策能力和水平不高、农民主动参与不够积极,导致部分村或社区的议事会运行成效不佳。随着新农村综合体建设以及农民向城镇迁移,农民的集中居住形式打破了原有的乡土界限和治理结构,心得治理体系尚未成形,农民集中居住区自治管理不规范,农民现代生活习惯和文明素养亟待提高,加强村民议事会制度建设,推进农民集中居住区自治管理规范化、常态化、制度化,实现"一核多元、合作共治"仍需进一步深入探索。

四是城乡基本公共服务差距仍较大。试点地区多年来在农村进行基本公

---

① 王骏:《关于统筹城乡综合配套改革试验的进展、问题与对策》,《西南大学学报》2008年第7期。

② 王卫星:《我国城乡统筹协调发展地缴纳额与对策》,《华中师范大学学报》2011年第1期。

共服务均等化探索,但由于投入不足以及农村地区基础设施建设以及基本公共服务供给成本远高于城市地区等原因,城乡、区域间基本公共服务不均衡,部分偏远地区基础设施建设薄弱。推进农业转移人口市民化,实现基本公共服务常住人口全覆盖,满足城乡居民日益增长的公共服务需求,还需继续进行基本公共服务均等化探索,健全城乡一体的社会保障体系,推动形成城乡基本公共服务均等化的体制机制,大力促进城市公共服务和现代文明向农村覆盖。

(二)国外关于统筹城乡综合改革研究

1.国外统筹城乡总体概述

统筹城乡改革在国外一般被称为"城乡一体化改革",国外统筹城乡理论的发展源远流长,在历史上形成了很多具有代表性的观点,比如莫尔德"乌托邦"、马克思的"乡村城市化"理论、恩格斯的"城乡融合"理论、欧文的"新村"、霍华德的"田园城市"构想等,著名的美国城市文化学家刘易斯突出强调了乡村在城市和农村发展过程中的特殊作用。随后,部分学者在他们的设想基础上进行了城市区域发展实践。加拿大部分学者则认为,第三世界国家走的是不同于西方传统的城市化道路,在这些国家,城市与乡村的界限越来越模糊,并由此设计出了著名的城乡一体化区域模式—模型,把国外城乡一体化研究推向了高潮。

城乡统筹是解决城乡分割问题的基本思路和方法,统筹城乡发展的重点和难点都在农村,国外在统筹城乡发展过程中,付诸实际行动,在马远军《城乡统筹发展中的村镇建设国外经验和中国走向》一文中详细介绍了一些国家统筹城乡发展的做法,如英国的中心村:在20世纪50年代到70年代,英国开展了大规模的发展规划,为了加强乡村人口的集中,建设中心村,政府出台了一系列的政策措施,保障乡村就业、住房、基础设施向乡村转移,加大了对中心村的投入,支持其发展。除此之外,还包括韩国的"新村运动",旨在提高农民收入,改善城乡差距过大问题,缓解农业和工业之间的结构性矛盾,提高农村生产和生活环境。涉及农村社会、经济及文化各个层面。除此之外还有美国的"郊区建设",日本的"新农村建设"等,都为我国城乡统筹提供了借鉴经验。

2.国外城乡统筹经验分析

本书的国外城乡统筹经验分析主要以英国、美国、日本、韩国等国家在城乡一体化过程中的可靠做法作为经验借鉴,主要分析见下表(表0-2)。

表0-2 国外统筹城乡经验分析

国家	城乡一体化形式	主要措施
英国	"城市复兴"的新型工业化道路	注重城市立法工作,农村综合发展和保护农民利益,市场化运作并发挥国有资本的引导作用,制定宏观计划,政府决策与公民参与相结合①。
美国	"郊区建设"	政府修建公路,制定了有利于向郊区扩散的住宅政策,进一步使大量工厂,商业中心向周边分散,缓解了大城市的压力,对于协调城乡发展起了非常重要的作用。
日本	"新农村建设"	推进农村土地规模经营、支持农业协会开展农村工作、重视对农民的技术职业培训、提供税收优惠、鼓励政府与农民积极参与②。
韩国	"新村运动"	旨在提高农民收入,改善城乡差距过大问题,缓解农业和工业之间的结构性矛盾,提高农村生产和生活环境。实实在在的项目开发吸引农民参与,政府从支持、推进到规划、协调、服务③。
印度	"乡村教育和人民规划运动"	注重农村工业化的发展,对农民进行专门的技术培训,并加大乡村教育的投入,对农村工业提供资金援助和税收减免政策,并与城市之间进行项目规划。

综上,国内外学者对统筹城乡发展的理论和实践均做出了诸多有益探索,其中国外的更多是理论借鉴,经过多年的摸索,在统筹城乡的理论层次上已经走到了最前列,而国内的经验更多植根于我国国情,从我国当下发展阶段的实际矛盾出发进行深入分析,因此将重点放在国内层面的城乡统筹经验借鉴。

二、集成推进统筹城乡综合改革风险评估
(一)国内关于统筹城乡综合改革风险评估研究
1. 总体情况概述

在中国期刊网(CNKI)上以"集成推进统筹城乡综合改革风险评估"为主

---

① 参见王登龙、郭立志:《英国城乡统筹推进城市化进程的经验》,《当代经济管理》2007年第5期。

② 参见黄立华:《习本新农村建设及其对我国的启示》,《长春大学学报》2007年第1期。

③ 参见李水山:《韩国新村运动对农村经济发展的影响》,《当代韩国》2001年第2期。

题词进行模糊匹配检索,共有相关文献 0 篇,表明集成改革的风险评估研究在当前的统筹城乡领域仍属于研究空白区,进而本书改用"统筹城乡综合改革风险评估"为主题词进行模糊检索,在 CNKI 上共搜集到文献 5 篇,其中绝大部分为硕博士论文,搜索到的 5 篇论文如下表(表 0-3)所示,均为硕博士论文,不具备研究代表性。

表 0-3 "统筹城乡综合改革风险评估"文献梳理

编号	论文	期刊	年份
1	重庆农村土地交易所地票交易风险及防范研究	《西南大学》	2012
2	农地产权制度建设研究	《西南大学》	2010
3	重庆地票交易制度风险防控研究	《西南大学》	2012
4	梁平县农村土地承包经营权流转问题研究	《东北农业大学》	2014
5	涉农贷款分类管理及政策支持机制研究	《山东农业大学》	2010

因此本书继续将关键词缩减为"统筹城乡风险评估",在 CNKI 上共搜集到文献 1228 篇,每年的研究热点趋势(发文量)如图 0-3 所示,从 2002 年开始呈上升趋势,到 2013 年时发文量达到顶峰,到 2016 年为止,研究热度又有所回降,保持到平均每年 100 篇左右的发文量水平。

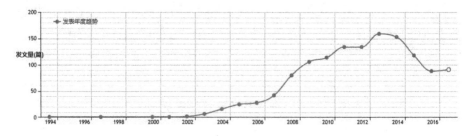

图 0-3 统筹城乡风险评估学术关注度示意图

资料来源:根据 CNKI 数据绘制所得

将"统筹城乡风险评估"为主题词搜索到的文献进行关键词共现网络构建可以更直观地看出当前在统筹城乡领域内所有风险评估类型的主要研究前沿和热点问题,将以"统筹城乡风险评估"为主题搜索到的 1228 篇文献进行关键词共现网络构建,得到的结果如图 0-4 所示,由图可知,当前的风险主要集中在制度风险、社会保障、土地流转、农村金融、医疗保障以及农民工的研究问题上,基本上都是单项风险的研究,很少涉及"集成"这个概念。

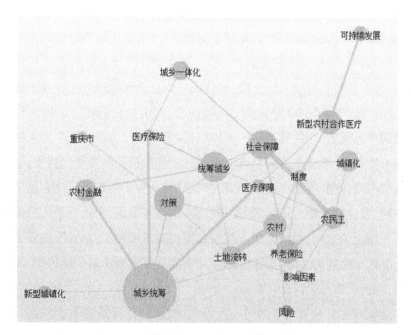

图 0-4　统筹城乡风险评估关键词共现网络

2.统筹城乡综合改革风险的内涵解析

作为中央与地方政府的一项重大改革,国家综合配套改革试验将不可避免地面临来自不同领域、不同方面的风险。国家综合配套改革是一个全方位的制度变迁和制度创新的过程,其核心在于"先行先试"权。试验区在社会经济领域的"先行先试"可能会引发种种社会经济问题与冲突,造成试验区的"不稳定",妨碍试验区综合配套改革的顺利进行,因此,及时对统筹城乡综合改革可能存在的风险进行识别界定以及进一步的分析对于风险规避和扩展改革成效是非常必要的,当前关于统筹城乡综合改革风险的内涵解析主要集中在三个方面,包含在顶层设计和具体操作层面上。

一是综合配套改革的实施方案设计不符合经济、社会、政治、文化和环境等领域的内在客观规律,主要表现在该实施方案内在逻辑的非自洽性和各具体举措之间目标的非一致性。学者李颖(2010)提到了统筹城乡改革中的社会流动风险、社会秩序风险以及社会价值取向风险,①社会流动风险体现在:统筹城乡在促进城乡要素充分与合理流动,城市资源与农村资源形成优势互补的同时,也潜藏着社会流动速度过快、流动结构不合理、流动规模过大、流动水平不均衡等方面的风险,在统筹城乡的进程中,大量农村剩余劳动力将以更快的速度和更大的规模向城市转移,这不仅给城市的社会管理带给更加严峻的挑战,也会增加农村的人口风险,转移人口的社会保障跟进速度低于流动速度则会进一步产生社会稳定和谐的风险因素;其次是社会秩序的稳定和社会价值观的牢固风险,在统筹城乡的进程中,如果一个地方或地区不能实现科学的发展与实践,必然会使一部分甚至大部分社会成员的利益受到损害,引起社会成员的不满,对公平公正产生怀疑,产生社会秩序不稳定以及社会价值观崩塌,另外随着体制改革的深入,国家与社会、单位与个人、个人与个人之间的社会关系开始全面重构,而社会保障体制建设相对滞后和不健全,既削弱了社会成员的心理承受能力,又增大了一部分社会成员在发展中的个体风险,不安全感增加,进而产生社会风险。

二是综合配套改革的举措与现行观念、制度和法规等方面存在重大不协调性,表现在与现有法规的摩擦、非制度化的组织不断涌现和过激性行为出现以至于发生重大突发性事件。配套改革举措与现行制度、法规存在重大不协调性的层面主要体现在金融制度改革、城乡一体化的社会保障体系建设等方面,学者任远、蔡圣丞(2017)从中国农村土地银行发展的现状入手,分析了目前农村土地银行面临的主要风险,包括缺乏运行资金、土地确权未完成、农村社会保障制度不完善、贷地方身份模糊和农民资本意识薄弱等,从试点地区来看,土地银行的一般运行过程中的利益相关者主要有农村土地银行、贷地方、农户三方,中国的农村土地银行规模大都很小,一般都是地方政府财政拨款或者是集体出资,缺乏配套的充足的运行资金;其次土地确权仍然尚未彻底完成,中国农村土地是集体所有制,法律虽然规定土地是归集体所有,但是并没

---

① 李颖:《统筹城乡进程中的社会风险及应对机制研究》,《云南行政学院学报》2010 年第 5 期。

有明确是何主体可以支配土地的所有权这种权利主体的模糊性导致了产权界定的盲目性;再者是农村的社会保障制度仍然滞后,医疗、养老、教育等方面在农村还没有建立起完善的体系,在这样的背景之下,农民土地流转的意愿不够强烈,并且农民作为市场经济中的弱势一方,主动参与市场的意识不足,土地流转体系呈现一种主观意识的严重缺位;最后目前全国上下并没有出台相关的土地流转使用的规章制度,贷地的一方身份不会受到严格审查,这就造成了许多农村地区土地被乱占乱用,耕地资源受到严重破坏,土地资源利用无法实现最大价值化,村集体和不规范的土地信用所借着土地流转的名义对农村耕地资源造成了破坏,最终还可能引发土地腐败问题。一系列的问题均摆在眼前,若不及时完善相关法律法规,难免不会因此爆发摩擦进而引发群体性事件。①

三是综合配套改革的举措严重违背了部分机构和社会群体的利益,同时又没有相应的补偿措施,致使他们产生强烈的不合作或反抗行为。这一部分风险在统筹城乡改革进程中,集中体现在农村土地产权制度改革等方面,郑财贵(2011)在研究中指出中国农地产权制度改革风险包括社会风险、政治风险、生态风险以及经济风险,其中,农地产权制度改革的经济风险因素主要包括权益主体受损,产权交易成本过高、利用率低或不具有市场价值,产权交易过程中的监管成本过高。② 学者丁新正(2008)指出,统筹城乡综合配套改革的重点领域和关键环节之一就是如何解决城乡分立的土地制度特别是该制度下农地流转中各方利益协调问题。农地入股是农民参与土地要素重新配置的重要方式之一,但面临政府强制征收集体土地、政府和开发商补偿费过低或无法到位、政府和开发商严重侵害农民权益以及农地入股公司后存在着各种风险等,这些风险包括,农民土地承包经营权有失去的风险,因为入股是一种投资行为,入股透明度难以保障,难免存在风险,如果入股公司经营不善,最终还是由政府买单;其次农村土地性质有可能发生转变,由农业用地转变为建设用

---

① 任远、蔡圣丞:《中国农村土地银行的风险分析与发展策略》,《湖北农业科学》2017年第7期。

② 郑财贵:《基于城乡统筹视角的重庆市农民新村建设问题及对策研究》,《价值工程》2011年第5期。

地;土地流转存在时间变量风险,农村集体土地流转中存在的问题集中反映在各方的利益协调上,若农民群体的利益在这个过程中受到损害,必然会造成巨大的风险。①

3.统筹城乡综合改革风险的评估方法

学术界在近十年的时间里,研究者采用不同方式对统筹城乡中的多个环节进行了风险分析或风险评估,其中包括定性的分析方式,也包括定量的评估方法,更有二者的结合,其中,定性的方法主要适用于对改革的整体风险进行分析,钟杨(2012)在研究重庆的票制度价交易风险的研究中通过赴地票产生地典型区域——江津区、开县进行实地调研,运结构化访谈、发放调查问卷和专家咨询等方式,对地票交易制度的交易流程、相关利益主体等方面进行详细深入的调查研究,以期获得翔实的资料,为完善地票交易制险防控研究提供实材料,在文献研究和实地调研的基础上,运用头脑风暴法、德尔菲法对地票交易制度风险进行辨识,对风险来源、产生机理及影响后果进行了定性分析。②余子鹏(2006)在研究中国农村金融演变、创新和风险管理中采用中外对比研究的方法,将典型发达国家的农村金融发展状况与我国农村金融发展在环境、影响因素等方面进行比较分析,最终得出我国农村金融改革可能面临的风险。③

定量的方法适用于对统筹城乡综合改革中的某一具体事项进行风险评估,例如,蒋萍(2012)在博士毕业论文中对重庆市土地交易所的票交易的风险进行了分析,文中作者运用层次分析法、模糊分析法、综合评价法对识别出来的地票交易制度风险进行评估通过评估来分析各个风险的大小,就不同风险所反映出来的不同风险程度提出一一对应的防范策略,进而实现对地票交易制度风险的有效规避和防范。④ 除了学者钟杨、余子鹏、蒋萍以外,郑财贵(2011)运用鱼骨图、层次分析法等定量评估了中国农地产权制度朝国有化、

① 丁新正:《统筹城乡背景下农地流转的模式及风险规避》,《南阳师范学院学报》2008 年第 10 期。

② 钟杨:《重庆地票交易制度风险防控研究》,西南大学 2012 年硕士学位论文。

③ 余子鹏:《中国农村金融演变、创新和风险管理》,华中科技大学 2006 年博士学位论文。

④ 蒋萍:《重庆农村土地交易所地票交易风险及防范研究》,西南大学 2012 年博士学位论文。

私有化和集体所有三种路径进行改革的风险,为农地产权制度改革路径决策提供参考。①

4.统筹城乡综合改革风险的应对机制

针对统筹城乡综合改革可能出现的一系列风险以及可能由此导致的社会危机,学者也通过研究提出了相应的风险防范机制,建议采用科学合理的手段,来预防、控制、化解风险,学者王伟勤(2012)指出,化解统筹城乡综合改革的风险要在坚持以人为本、市场导向、自主自治的理念与原则下,进行一系列制度创新,包括土地流转制度创新、社会保障制度创新与基层治理制度创新,国际经验表明,城乡一体化发展程度高的欧美国家,都十分重视法制建设,保护农业发展与农民利益。为了充分调动农民积极性,温江区在统筹城乡发展中,借鉴国际城乡一体化经验,并结合温江区地方经济发展特色,大胆创新制度建设,以法规制度建设为发展提供制度支持与保护。② 李颖(2010)从实际的操作层面进行风险防范,她提到及安全风险应对机制,要在敏锐的问题觉察机制下做好风险的分析与评估,构建风险预警网络体系,做好对风险源、风险类型、风险级别等方面的预测,形成动态管理、立体网络、城乡统筹的风险预警体系;其次,要创新协调机制,健全与完善社会争端解决机制,社会各多元主体间要加强协调与沟通,遇到争端要通过正规的渠道来解决;再者,要增强社会承受风险的能力,包括,全力发展民生事业、创新统筹城乡的社会服务机制、建立合理的社会流动机制、大力发展社会组织,最后,建立与完善政府与社会多元主体间有序合作、共同参与的社会协同机制。在社会发展的过程中,全社会的多元主体都会不可避免地面临着由发展所带来的各种风险,但风险的分布方式、风险的承担分量却会因为社会管理方式上的差异而有所不同。良好的社会管理总是社会多元主体共同参与、明确领导、协同配合这样一种方式,以此来共同分解、共同承担发展中的风险。③

---

① 郑财贵:《基于城乡统筹视角的重庆市农民新村建设问题及对策研究》,《价值工程》2011年第5期。

② 王伟勤:《统筹城乡发展制度创新中的风险防范》,《电子科技大学学报》2012年第4期。

③ 李颖:《统筹城乡进程中的社会风险及应对机制研究》,《云南行政学院学报》2010年第5期。

（二）国外关于统筹城乡综合改革风险评估研究

当前我国已经进入统筹城乡综合改革试点的关键时期，这一转型期是任何国家都要经历的发展必然阶段，符合经济发展的自然规律。国外发达国家已经完成了工农分离和工业反哺农业发展的阶段，目前已进入了工农进一步融合的发展时期。对国外发达国家的统筹城乡运动的成功经验及其风险进行梳理，可以有效地对我国目前的改革提供借鉴作用。

通过对英美日韩等发达国家的城乡统筹的发展模式和具体措施进行分析（见表0-2）可知，几个发达国家中，日本的城乡统筹发展模式最符合我国国情，特别是农村工业化战略给我们带来了经验，同时也带来了教训，日本1868年明治维新后，以追赶发达国家为目标，大力发展工业，引发了工农收入和城乡差距拉大等问题。为实现城乡协调发展，日本政府通过提供公共服务，提高居民生活质量、改善农业发展环境，为统筹城乡发展奠定良好的前提条件；同时，通过农民收入多元化和政府补贴等一系列综合政策来增加农民收入，实现了缩小城乡差距的目标，但是在这一改革过程中，仍然出现了不小的风险，一是农业从业人口减少和农村老龄化的问题依然突出。尽管日本的农村与城市无论在经济上还是生活上已经没有明显差异，但是农村的年轻人依然向往城市，向往现代的生活方式。尽管地方产业振兴了，却仍挡不住人口外流的趋势。农村年轻人的流失导致农业从业人口严重不足，后继无人。二是社会保障金负担沉重。随着日本农村社会保障体系的不断完善，农民在许多方面都享有与城市居民相近的待遇。但是随着农村人口老龄化的到来，被扶养人口占总人口的比例越来越高，社会保险制度面临着保障经费迅速增长，医疗与养老保险负担日益沉重、各类公共保险机构赤字增加的问题。三是造村运动对生态环境有一定的影响。农业现代化中，土壤生态失调，飞机喷洒农药，大规模畜产业的粪尿排放等现象严重，造成水质污染和环境污染，结果破坏了自然生态，影响了农业的可持续发展。

综上，结合国内外统筹城乡过程中的风险分析可知，我国正面临着同已经成功实现统筹城乡改革的国家相似的困境甚至是更加复杂的风险之中，而我国的国情相对来说更加难以克服这一系列由改革带来的风险，目前我国的城乡统筹综合改革示范区域正处于攻坚克难的阶段，需要尽早将风险识别并探索风险预警机制,才能将改革成果更好的在全国做出示范效应,实现全国城乡体制的重构,推动我国在新时期城乡一体化建设的进程。

第三节　研究内容与研究方法

一、研究内容

目前,对城乡统筹和改革的研究主要集中在规划、路径、创新等理论与实践问题上,对改革风险的评估主要集中对具有创新性开拓的改革事项进行单一评估。本研究视角则是将改革风险的评估问题放在统筹城乡综合改革的纵深推进背景下进行研究,并力图在这一视角下构建一个总体分析框架。当前,我国城乡综合改革已经进入全面深化阶段,必须加强全面深化改革各项措施的系统集成,中央层面已经作出了具体部署。但是集成改革的条件是否具备?集成改革的正外部性是否显现?集成改革的风险与责任承担是否匹配?等等问题,均需要通过合理的研究方法对集成改革风险进行深入评估,以有利于城乡一体化目标早日实现。因此,本书研究内容主要包括五个部分:

第一章是导论。主要提出本书的研究背景与研究意义,对有关理论与文献进行回顾与评价,概要全书的研究方法与研究思路。

第二章是关键概念与基础理论。本章首先对集成改革和统筹城乡概念的内涵与外延进行界定,并对两者的关系进行梳理,从而为全书的研究工作开展奠定基础。最后对与本书有关的集成改革理论和统筹城乡的相关理论进行梳理,在总结与反思基础上有针对性指导本研究的开展。

第三章是各地集成推进统筹城乡综合改革的现状。本章通过对四川省各地、湖北仙人渡镇、重庆市燕坝社区、福建省古田镇等典型的剖析,总结全国各地集成推进统筹城乡综合改革的经验与特色,以及可能存在的风险与治理风险的必要性。

第四章是集成推进统筹城乡综合改革风险评估的方案设计。本章首先在诸多方法中找到适合本研究的风险识别方法和依据,然后对相关风险指标进行理论解释,最后运用层次分析法对各级指标权重进行计算,为实证评估奠定基础。

第五章是集成推进统筹城乡综合改革风险评估的实证研究。本章首先运用模糊综合评价,对问卷结果进行定量化处理与分析,然后对目标层与准则层、准则层与指标层的评估结果进行分析,通过风险临界点的判别,为本研究的对策建议提供依据,同时也为地方政府决策提供启示。

第六章是研究反思与政策建议。本章首先对集成改革风险评估指标体系和风险管理现状进行了反思,然后从制度集成、资源集成、区域集成和管理集成等方面提出了政策建议。

二、研究方法

(一)文献研究法

对集成推进统筹城乡综合改革的理论框架,以文献梳理和抽象归纳法为基础,借鉴相关期刊论文、新闻资料、英文资料和网络资料,了解国内外相关学科研究现状及已有的理论基础,对两者间的辩证关系进行了深入研究。

(二)理论分析与实证分析结合

理论分析是实证分析的基础,如果没有理论分析为基础,实证分析只能流于对研究对象的一般归纳;实证分析同时也是对理论分析的验证。本课题既对统筹城乡发展中的集成改革风险进行理论研究,又对集成改革风险与城乡统筹发展的相关性进行实证分析,并运用大量的一手调研资料加以辅证,形成理论与实证分析的有机结合。

(三)定性与定量的方法

运用定性和定量的方法,根据风险呈现的最终状态和空间分布状态将风险分分为多种类型,并运用信息扩散理论的修正模型对风险进行定量与定性的科学预测、分析和评估,从而为长期以来被各类错综复杂的历史遗留问题以及改革产生的利益分配纠纷在当前以动态化和高速化发展为标志的国际大背景所困扰的改革风险治理提供相应的应急预案,从而规避风险,有效地治理群体性事件。

(四)案例分析法

以四川省成都市、湖北仙人渡镇、重庆市燕坝社区、福建省古田镇为典型性案例,深入分析了集成改革风险的积累过程,以及形成的内在机理与逻辑,定量地构建了集成改革风险的临界点,为集成改革风险的有效治理提供了经验借鉴与启示。

(五)问卷调查法

本研究中,将在风险识别和风险评估指标及权重确定阶段使用问卷调查法,以随时抽样和半结构式访谈的形式确保风险识别的准确性和风险评估指标的客观性。通过调查研究工具的使用,本研究可以更加明确、更加有效地获得研究所需的"证据",因此在研究的操作过程中具有重要的价值。

(六)"AHP-模糊综合评价"法

本研究将基于"AHP-模糊综合评价"法对集成推进统筹城乡综合改革中的风险进行评估。由于权重值的确定和合成算子的选择是模糊综合评价的两项关键技术,因此本书首先运用层次分析法构建集成改革风险的评估指标体系,再对其进行模糊运算,确定每类风险的临界值,为最终的对策建议提供理论依据。

第一章　关键概念与基础理论

第一节　关键概念

一、城乡统筹

"城乡统筹"字面上解释是"城"、"乡",在一定的时代背景中互动发展,以实行"城"、"乡"发展双赢为目的发展格局。充分发挥工业对农业的支持和反哺作用、城市对农村的辐射和带动作用,建立以工促农、以城带乡的长效机制,促进城乡协调发展。城乡统筹就是要改变和摈弃过去那种重城市、轻农村,"城乡分治"的观念和做法,通过体制改革和政策调整削弱并逐步清除城乡之间的樊篱,在制定国民经济发展计划、确定国民收入分配格局、研究重大经济政策的时候,把解决好农业、农村和农民问题放在优先位置,加大对农业的支持和保护。

城乡统筹的关键是城市带乡村。城市带乡村是世界经济发展、社会进步的共同规律。世界发达国家和地区都经历过大量农村劳动力转移到第二、三产业,大量农村居民变成城市居民,城乡发展差距变小的发展阶段。我国经过20多年的改革与发展,城市先发优势越来越明显,发展能量越来越大,城市有义务也有能力加大对农村带动的力度,城市带农村完全能带出"双赢"的结果。城乡统筹的含义是以城市和农村一体发展思维为指导,以打破历史和制度设计形成的城乡二元结构为出发点,立足城市发展,着眼农村建设,以最终实现城乡差距最小化、城市和农村共同富裕文明为目的的一项系统工程。城市怎么带农村,简言之,就是要让更多的农村劳动力、农村居民进入城市,让更多的资金、技术、人才流向农村。具体讲,必须抓好几项具有战略意义的大事:城市和工商企业要吸纳更多农民就业。农民向非农产业和城镇转移是现代化、工业化的必然趋势,农民进城务工增加了农民收入,促进了城市经济发展。因此必须落实"公平对待,合理引导,完善管理,搞好服务"的方针,善待农民工,为农民进城务工创造有利条件,做好服务和管理工作,让城市尽可能多地吸纳农村劳动力。

城乡统筹的核心是协调发展。协调发展就是要把挖掘农业自身潜力与工业反哺农业结合起来,把扩大农村就业与引导农村富余劳动力有序转移结合起来,把建设社会主义新农村与稳步推进城镇化结合起来,加快建立健全以工促农、以城带乡的政策体系和体制机制,形成城乡良性互动的发展格局。2007年,成都、重庆成为城乡统筹发展综合改革试验区,它的意义可以与当年的深圳、浦东、渤海新区相媲美。其主要任务是进一步城乡管理体制,综合改革解决城乡发展中的体制矛盾,探索城乡协调发展的新模式。

二、集成改革

"集成"在《现代汉语词典》中解释为集大成,意思是指将某类事物中各个好的、精华的部分集中、组合在一起,达到整体最优的效果。英文单词为 Integration,其意为融合、综合、成为整体、一体化之意。我国学者张正义、吴林海认为,集成不是简单的连入、堆积、混合、叠加、汇聚、捆绑和包装,而是将各种创新要素通过创造性的融合,使各项创新要素之间互补匹配,从而使创新系统的整体功能发生质的变化,形成独特的创新能力和竞争优势。

首先,从集成改革与创新理论层面来看。哈佛大学教授 Marco Iansiti 在1998 年首次提出了"技术集成"(Technology Integration)的理念,他认为技术集成包括好的资源、工具和解决问题的方法等三个方面,只有这三方面的集成才能提高 R&D 的性能,自此"集成"便广泛拓展应用到其他领域。H.K.Tang 认为,技术供给本身并不是集成创新思想所要解决的中心问题,集成创新的目的是要解决复杂技术资源与实际应用的脱节问题,其关键在于匹配创造符合需求的产品与丰富技术资源的供给。

其次,从管理学的角度来看,集成是一种创造性的融合过程,即在各要素的结合过程中注入创造性思维。也就是说,要素仅仅是一般性地结合在一起并不能称为集成,只有当要素经过主动的优化、选择搭配,相互之间以最合理的结构形式结合在一起,形成一个由适宜要素组成的、相互优势互补、匹配的有机体时,这样的过程才称为集成。海峰等则从系统的观点提出"集成从一般意义上可以理解为两个或者两个以上的要素(单元、子系统)集合成为一个有机系统,这种集合不是要素之间的简单相加,而是要素之间的有机结合,即按照某种集成规则进行的组合和构造,其目的在于提高有机系统的整体功能"。

最后,从集成改革与创新理论的应用领域来看。在工商领域里,集成创新的构成要素还包括组织、战略、知识等方面,是产品、生产与创新流程、技术和商业战略、产业网络结构和市场创新等多方面的集成。邵校等人(2007)[1]、张正义(2012)[2]等人认为"集成"是多要素间的有机结合,按某种规则进行组合和构造,是包括生产、经营、管理、组织等方面的系统总体,最终提高企业的整体功能与核心竞争力。在公共管理领域:张立(2012)等人分析了我国产业集成中存在的问题与原因,强调政府营造竞争性市场环境、实行以产业集成为导向的招商引资策略的重要性;[3]艾琳(2013)等人认为,行政审批制度改革路径由集中审批向集成服务的转变是政务中心自身作用和价值实现的主动作为的过程,在服务政府建设的当下,实现审批业务集成、审批数据集成、政务服务集成将成为改革的主流趋势。[4]

三、集成改革与统筹城乡的辩证关系

集成建立在系统论和还原论的基础上,是在分工的基础上将各个要素有机统一的过程;而统筹城乡本身是一个宏大的系统工程,是为实现城乡一体化的目标而对系统内部的城乡经济要素、城乡制度要素、城乡关系要素进行整合分配以实现系统内部和外部、城市与乡村的平衡的过程。

---

① 邵校、海峰、陈立:《区域物流系统的协调机制研究》,《物流技术》2007 年第 10 期。

② 张正义:《我国风险投资核心利益相关者关系研究》,西南财经大学 2012 年硕士学位论文。

③ 张立:《土地承包经营抵押制度障碍与重构》,西南财经大学 2012 年硕士学位论文。

④ 艾琳、陈木新、陈韶红等:《由集中审批到集成服务——行政审批制度改革的路径选择与政务中心的发展趋势》,《中国行政管理》2013 年第 4 期。

（一）集成改革为统筹城乡发展提供了方法支撑

集成为统筹城乡提供了两种方法论支撑:第一,遵循在还原的前提下进行综合集成的思维方法。"在应用系统论方法时,也要从系统整体出发将系统进行分解,在分解后研究的基础上,再综合集成到系统整体,实现 1+1>2 的整体涌现,最终是从整体上研究和解决问题"。因此,在统筹城乡中要逐个理清城乡制度要素、城乡经济要素和城乡关系要素,并分别探究各个要素的内涵和本质,并还原以上三种要素出现和投入到集成系统之前的状态和来源,然后再理顺各个要素之间的相互关系。第二,从动态的角度去理解系统和内外环境的互动。"因为,任何一个系统都有诞生、发展、成熟和衰亡的生命周期过程,为了适应环境变化,延长系统周期,系统就必须根据环境要求,对系统要素进行适时重组,这个过程就是集成"。因此,统筹城乡不是一个不变的过程,我们必须明确统筹城乡所处的外部环境和内部条件的变化,并根据环境的变化来调整和分配统筹要素,实现统筹过程与外部环境变化的同步性,避免出现与环境脱节现象。

（二）集成改革与统筹城乡在本质上具有一致性

首先,集成和统筹城乡都强调实现整体优化和功能倍增的目标。集成不是简单的要素的结合,而是要实现各个要素之间的互补和有机分配,以实现 1+1>2 的功能倍增目标;而统筹城乡也不是城乡之间的制度、经济和关系要素的简单相加,而是要充分利用城市和乡村要素的优势来实现城乡均衡和一体化目标。其次,集成和统筹城乡都强调在运行过程中的主体能动性与协同性。在集成的具体过程中,要实现整体优化和功能倍增目标,必须要求集成的主体与主体间的协同和互动;同样,在统筹城乡中,政府、市场和社会三个主体之间必须形成有机的互动网络,并且要充分激发政府在宏观指导、市场在资源配置和社会在自主自治中的活力和创造性。再次,集成和统筹城乡都强调在时间维度上系统对环境的缓慢适应性和持续变化性。集成过程和统筹城乡过程因为受制于环境的变化而不能一味地追求速度,缓慢的相互适应和持续不断的调整变化是集成和统筹城乡过程的典型特征。

（三）集成改革与统筹城乡在实践中具有耦合性

首先,从集成的功能层面上来看。集成推进统筹城乡体现在集成资源、产业和组织等方面的功能互补。例如:在统筹城乡建设中"四川省大力实施科技资源的整合战略,通过整合全省种植业、养殖业和农产品加工等领域的农业科技资源",实现了科技资源和农业资源以及农业产业之间的功能互补。除此之外,在湖北省仙人渡镇的统筹城乡建设中,镇财政所和镇信访办联合办公,组建仙人镇农村土地承包纠纷调解委员会。实现了政府内部组织的功能集成。其次,从集成的方向层面来看。集成体现在纵向上的流程集成和横向上的区域集成。比如:湖北省仙人渡镇成立了城乡一体化综合配套改革试点特色产业发展领导小组。该小组负责指导、协调全镇城乡一体化综合配套改革试点特色产业发展工作。领导小组下设办公室,承担推进全镇城乡一体化综合配套改革试点特色产业发展的日常工作。这缩短了统筹工作的流程,实现了统筹城乡改革具体工作流程的简化和决策指挥权的下移和前移。在横向的区域集成中,以省为核心的省域间的互动较少,但是省域内部的集成体现的较为明显。比如在各地集成推进统筹城乡综合改革中,各地下辖的市县两级经常召开集成统筹的会议,相互交流工作经验,将某一市县的典型做法作为一种示范在全域内推广,实现了区域集成。

第二节　理论基础

一、集成改革理论

(一)集成理论的发展演变

"集成"思想是从古代起便在人类社会中发挥着重要作用的一种思想理论。从秦始皇时期长城的修建到北宋时期丁渭修复皇宫,再到北京成功举办2008年北京奥运会,无不体现了集成思想在人类生活中各方面的运用。到了现代,"集成"思想更是在管理学、计算机科学、系统科学等领域大放异彩,成为这些领域重要的思想指导。不过,由于研究领域、角度、方法等的不同,学界目前对于"集成"的概念并没有一个统一的意见,不同的学者们根据各自的研究视角给出了各自不同的观点。李宝山(1998)认为,集成不仅是要素的一般性结合,而是一种创造性的融合过程,只有当要素经过主动优化,相互之间以最合理的结构形式结合在一起,形成要素适宜、相互匹配补充的有机体才是集成。① 海峰等(1999)认为,集成从一般意义上可以理解为两个或两个以上的要素(单元或子系统)按照某些集成规则进行的组合和构造,集合成为一个有机整体,以提高有机整体(系统)的整体功能。② 吴秋明等(2003)认为集成是某种具有公共属性的要素的集合,并梳理了集成与系统的辩证关系,认为集成理论是对系统思想的新发展。③ 王乾坤(2006)则认为,从本质上讲,集成是在系统思想的指导下,创造性地将两个或两个以上的系统或要素整合为有机整体的过程。④ 综合以上学者的观点来看,"集成"的大意是指将一类事物中的各个部分通过某种方式使其有机地集中、联合在一起,使其发挥出超过各个部分累加的效果,从而达到 1+1+1+…+1>N 的整体最优状态。

基于"集成"的思想发展而来的便是集成理论。正如"集成"的概念并未得到学界学者们的一致认同一样,集成理论也不是一个具有固定含义的概念,它包括集成管理、集成创新等众多重要的方面,其中集成管理理论是集成理论最主要的方面,主要运用于企业管理实践中。海峰等(2000)认为,集成管理理论包括五个要素,分别是集成单元、集成模式、集成界面、集成条件和集成环境,集成不是对这些要素之间进行简单叠加,而是按照一定的方式模式进行再构造再组合,以更大程度提高管理系统的整体功能。⑤ 余吉安等(2009)结合项目管理理论对海峰的集成管理五要素理论进行了修正,认为管理集成应当包括集成主体、集成目标、集成模式、集成工具、集成环境、集成条件和集成单元等七要素。⑥ 总的来讲,集成管理理论是现代管理科学的前沿理论之一,它"集合"了以往管理理论的相关要素,更加强调管理中各种因素的协调、整合与优化,并结合当今世界电子计算机的优势为企业、政府进行各种管理活动提供理论指导,尝试使管理效果达到最大化。

集成理论的发展大概经过了三个历史阶段,从人类社会早期至1776年可

---

① 李宝山:《集成管理——高科技时代的管理创新》,中国人民大学出版社1998年版。
② 海峰、李必强、向佐春:《管理集成论》,《中国软科学》1999年第3期。
③ 吴秋明、李必强:《集成与系统的辩证关系》,《系统辩证学学报》2003年第3期。
④ 王乾坤:《集成管理原理分析与运行探索》,《武汉大学学报》2006年第3期。
⑤ 海峰、李必强、向佐春:《管理集成论》,《中国软科学》1999年第3期。
⑥ 余吉安、高全、高向新等:《再论集成理论的基本问题》,《生产力研究》2009年第4期。

称为集成理论的萌芽时期。在这段时间里,人们并没有任何完整的集成理念,在早期部落时期人们会有一定的合作理念以提高狩猎的成功率,增加生存机会。而后,随着人类智商的不断提高以及人类社会规模的日益扩大,为了更好地生存下去,人们在处理生活中的问题时会进行一定的协商、合作,以更高效地解决问题,尤其是在国家出现以后,各种大规模的工程在有关集成的思想指导下得以建成,如我国著名的京杭大运河在建设过程中就集成了有关人文、地理、工程、目标、技术等因素,在思想上达到了"集大成"。在集成理论萌芽时期内,人们没有系统的集成理论却不知不觉在集成思想的指导下实施了一系列工程事项以造福人类社会。

1776—1946年,可以说是集成理论的快速发展时期。亚当·斯密在1776年发表了其成名之作《国民财富的性质和原因的研究》(简称《国富论》),在这本书里,斯密提出并详细阐述了劳动分工的理念及其优势。自此,劳动分工成为工业革命以来人类社会最重要的原则之一。劳动分工要求各工作主体之间相互配合、紧密协作,集成思想也在劳动分工的理念下得以不断发扬。除此之外,工业革命的不断发展还促使了管理科学的兴起,各种针对管理流程、方法、手段和效率的理论不断涌现,其中尤为突出的包括泰勒为代表的科学管理理论、法约尔为代表的管理过程理论、巴纳德为代表的系统组织理论以及梅奥等为代表的组织行为理论。这些管理理论一方面使得劳动分工的理念更加深入人心,另一方面也使人们逐渐开始关注各种管理的内外部因素,包括外部环境、员工心理、组织关系等等,并认识到这些要素之间协调配合的重要性。虽然这段时期里集成思想仍然不如劳动分工思想突出,但使各类要素优化组合以达到最优效果的想法已逐渐成为人们的共识。

1946年至今,是集成理论逐步走向成熟的时期。随着电子计算机在1946年的发明,人们的计算能力有了极大的提升,而后计算机网络的普及使得人们可以在各种工程事项、管理活动中方便地利用计算机来模拟各类要素不同的搭配可能产生的实际效果,进而找出要素之间的最优搭配关系。在这段时期内,人类社会各种活动的规模空前扩大,使得人们逐渐从重视分工走向日益强调集成。集成理论得以在各种活动中得到广泛运用,包括企业内外部资源、目标、环境等的集成,政府大型工程计划、政策措施、目标和环境的集成,计算机、电路等的大规模集成制造等等。随着科学技术的发展,集成理论日益成熟,不只是在管理等领域,人们所从事的各项活动都越来越倾向于应用集成理论,包括集成改革、集成创新等等,"集成"的概念走向普遍化。

(二)集成改革的内涵与原理

集成改革的主要特征包括:一是集成的综合性。从资源角度来看,集成不仅是制度体系的集成,还包括信息技术、资金、部门的有效整合与集合;从管理角度来看,集成是把管理中的人、财、物等基础要素进行整合,按照帕累托最优原则进行资源配置。二是集成的经济性。从经济学角度来看,集成有助于把各类资源要素通过部门集成、制度集成的正外部性快速组合,把事前、事中、事后的管理流程简化、集约化,将不同流程的创新力凝聚,从而降低交易费用、节约交易成本。三是集成的集约性。集成的最大特点就是集约性,它通过组织内外信息、资源、资金、人才等要素的集成,使企业具备纵向一体化与横向一体化基础,使得组织系统内部形成各环节的网络集约性和不同组织系统间的业务活动集约性。四是集成的复杂性。对于任何一个成熟的组织系统来讲,内部结构与外部环境既定,集成既涉及内外部的人才、信息、资源等要素的整合,也涉及不同组织的集约性问题,甚至是组织与特定的内外部环境之间的关系问题。

集成改革的基本原理主要有:一是系统最优性原理。集成是通过局部的、细微的部分的整合,打通要素功能发挥的阻隔,以最小成本实现最大收益。其路径可以是组织内外部功能的重组,也可以是组织内外部结构的重组,甚至是组织的流程再造和协同重组。二是内部相容性原理。具有不同核心竞争力的各个要素要想有机地聚集在一起,首要问题就是要解决相互排斥与不相容的问题。部门集成、制度集成、资金集成中都面临相同的障碍,比如部门与部门的属性差异、资金来源的渠道差异等,因而集成改革与集成创新就是要解决这些差异与障碍,从而保障改革的可持续性,避免组织内耗与无序。三是互补性原理。从集成对象来看,不同阶段的不同渠道资金在打破制度壁垒后,集中使用于同一个项目,可以逐一完成公众需求事项或政府规划项目,避免了单一要素功能发挥的局限性。

党的十八大以来,上至国家层面下至地方政府层面均在城乡综合改革中重视集成思维的运用。党的十八届三中全会对全面深化改革进行了总体部署,强调要"凝聚共识、统筹谋划、协同推进",首次明确改革的协同集成目标;紧接着在 2016 年 3 月,习近平在中央全面深化改革领导小组第二十二次会议上强调,"推进改革要树立系统思想,推动有条件的地方和领域实现改革举措系统集成……特别是同一领域改革举措要注意前后呼应、相互配合,形成整体。"①至此,以系统集成理念谋划改革、以系统集成思维聚力改革、以系统协同模式整体推进改革成为当今中国凝聚共识、催生改革动力的关键。

集成理论对统筹城乡综合改革而言具有广泛的适用性。由于我国社会长期以来形成了城乡二元对立的格局,城乡之间在经济、政治、文化、社会、生态文明等众多方面都存在着巨大的差异,使得推进城乡综合改革的路上充满了各种矛盾和风险。在此基础上,梳理学者们有关集成思想的相关理论,贯彻落实党中央关于应当注重改革的系统性、整体性、协同性的观点,强调在改革过程中运用集成改革和集成创新等相关集成理论,树立集成意识,改变以往单个突破的局面,以技术集成创新为核心,推进城乡综合改革中目标、资源、环境、管理等各种要素的集成,是减少和化解城乡综合改革过程中重大矛盾和风险,缩小城乡差距,实现统筹推进城乡综合改革的必由之路。

二、城乡一体化理论

(一)理论的提出与发展演变

1.国外城乡一体化理论发展回顾

有关"城乡一体化"的研究和探讨最早起源于西方,且最初起源于城乡空间融合的视角。早在 18 世纪,经济学鼻祖亚当·斯密在其开创性巨著《国民财富的性质和原因的研究》中就曾指出,"乡村向城市供应生活资料和制造业所用的原料。城市向乡村居民送回一部分制成品作为回报"。"两者的利得是共同的和相互的"。从而开了城乡一体化理论发展的先河。空想社会主义思潮的代表性人物欧文、傅立叶、圣西门等随后也提出过城乡一体化理论的雏

---

① 《习近平主持召开中央全面深化改革领导小组第二十二次会议强调　推进改革举措精准对焦协同发力　形成落实新发展理念的体制机制》,《人民日报》2016 年 3 月 22 日。

形,并阐述了"城乡协调、统筹发展"的类似观点,只是当时由于缺乏社会经济基础,故只停留在了构思阶段。

在马克思、恩格斯时期,城乡一体化发展得到了较为充实的论述。空想社会主义者对未来城乡社会的愿景与描绘,其精髓与核心一向被马克思、恩格斯所重视和强调。所不同的是,马克思、恩格斯对这一美好构想的态度没有停留在道义谴责与批判层面,而是运用历史唯物主义观点,将城乡联系研究推向了新的高度。马克思在1858年出版的《政治经济学批判》一书中首次提出了"乡村城市化"这一概念。① 在《资本论》一书中,马克思明确指出一切发达的、以商品交换为媒介的分工的基础,都是城乡的分离。② 恩格斯则是在《共产主义原理》一书中最早系统地阐述了城乡融合理论,他指出,通过消除旧的分工,进行生产教育、变换工种、共同享受大家创造出来的福利,以及城乡的融合,使社会全体成员的才能得到全面的发展。③ 由此可见,实现城乡融合的路径在于工人和农民之间阶级差别的消失,城市和乡村的对立消失,人口分布不均衡现象的消失以及大家共同享受福利。

英国城市学家埃比尼泽·霍华德在其代表作《明日:一条通向真正改革的和平道路》一书中(1898年出版,1902年再版时改名为《明日的田园城市》)提出了"田园城市"理论,明确倡导"用乡城一体的新社会结构形态来取代城乡对立的旧社会形态"。④ 霍华德认为,应该建设一种兼备城市和乡村优点的"田园城市",但是,其构想未能有效消除城乡差别,仅仅是消极回避了城乡发展过程中的矛盾。

刘易斯在发展利用伯克"二元结构"概念的基础上指出,二元结构是发展中国家在发展过程中最基本的经济特征,二元结构发展的核心问题是传统农业部门的剩余劳动力向现代工业部门的转移问题,经济发展的重心是传统农业向现代工业的结构转换。尽管刘易斯的二元结构针对的是传统生产部门和现代生产部门,并不严格对应于农村与城市,但是,二元结构的分析仍被后续

---

① 《马克思恩格斯全集》第46卷上册,人民出版社1979年版,第480页。
② 《马克思恩格斯全集》第23卷,人民出版社1972年版,第390页。
③ 《马克思恩格斯全集》第4卷,人民出版社1958年版,第371页。
④ 李瑞光:《国外城乡一体化理论研究综述》,《现代农业科技》2011年第17期。

学者们广泛应用于城乡关系的研究中。

到 20 世纪末,加拿大学者麦基创新提出了 Desakota 模型——亚洲独特的城乡一体化空间组织结构。他指出,新时期发展中国家城乡关系的变化除城市辐射扩散的外在拉力外,还强烈地表现为乡村"非农化"的内在推力,是二者内外交互流动之力量共同促成了"城市和乡村界限日益模糊,农业活动和非农业活动紧密联系,城市用地与乡村用地相互混杂的空间组织结构形态"。该理论的提出冲击了原本在空间上割裂的城市与乡村的概念,从城乡联系和相互作用的角度为城乡一体化研究提供了新的视角,增加了新的内涵。从此,城乡联系发展的理论逐渐成为学术研究的主流。

2. 国内城乡一体化理论发展回顾

"城乡一体化"这一概念的明确提出源自中国学者,且这一概念本身就具有极强的中国特色。国内学者对城乡一体化理论的探索,起步于改革开放以来,长期城乡二元分割的结构开始显现出对于经济社会快速发展的不适应,这使得如何协调城乡发展开始成为国内学界重点关注的问题。最初,一些学者尝试从城乡经济一体化的角度入手研究,通过将城乡一体化看作一种工作手段,利用生产要素在空间上的优化配置实现二者的协调发展。在这以后,一些学者又将一体化的范围继续延伸,从而扩展到了户籍管理、住房问题、就业、医疗、教育、食品供给等更为广泛的领域之内,尝试通过从各方面调整我国传统的城乡二元分割模式,以此达到消灭城乡差别、城乡融合发展的目的。

在 20 世纪 90 年代中后期,国内学者开始就城乡一体化问题的研究,在理论上展开了积极的探索,并围绕概念、内容、目标、动力机制、形成条件、困境等等问题开展了热烈的讨论,使得城乡一体化理论的研究在内容上不断趋向系统与具体,即不再像过去一样只是笼统地谈论城乡一体化的总体构架和方法,而是开始从一些具体的领域入手,探索城乡一体化在不同领域的实现路径和表现情况,从而开始对一些理论问题达成基本共识。在这之中,较有影响力的观点包括:城乡二元社会结构论、城乡双重二元结构论、城乡三元结构论等。从理论上来看,我国的城乡一体化道路究竟是以发展乡镇企业为主的城镇化,还是以大中城市为主的城镇化,一直存在较大的争议。2002 年党的十六大提出要将统筹城乡发展作为科学发展观的重要内容,从而使得有关统筹城乡以及城乡一体化的研究文献得以大量出现。

（二）理论主要内容

鉴于城乡一体化理论的提法具有鲜明的中国特色,故此处所探讨的理论的主要内容,也是基于中国语境之下,对该理论的阐释和发展。

1. 有关城乡一体化定义的问题

从现有研究来看,多数学者均认为城乡一体化包含了经济、政治、文化和社会生活的各个方面,因此对其概念的界定对于不同的学科来说在理解上也略有不同程度的偏重。如经济学者认为城乡一体化就是要打破城乡二元经济结构的状态,实现商品生产、流通的一体化;社会学者基于城乡间相互关系的视角,认为城乡一体化就是二者要打破相互分割的壁垒,实现城乡经济和社会生活的紧密结合与协调发展,逐步缩小至消灭城乡之间的基本差别,从而使城市和乡村融为一体。但总体来看,学者们均能达成以下共识:即城乡一体化是在一定区域内,城市与乡村在政治、经济、文化等方面广泛融合,城乡的发展有机结合,形成"以城带乡,优势互补,共同发展"的城乡关系。这一社会经济过程需要充分体现城乡间的经济联系和社会进步要求。

2. 有关城乡一体化动力机制与实现条件的问题

基于不同的视角,学者们就城乡一体化发展的动力问题提出了诸多有创建性的观点。其中较有代表性的观点是,如杨荣南(1998)等区分了事物发展的内因与外因,认为乡村城市化、城市现代化、改革开放政策及引进外资等是我国城乡一体化发展的主要动力。[①] 甄峰(1998)从城乡系统发展的角度出发,提出城市化和农业产业化的双重驱动机制。[②] 李同升(2000)等则通过对中心城市向心力与离心力、乡村工业化和农业现代化的分析,阐述城乡一体化的动力机制。[③]

就城乡一体化的实现条件来说,吴伟年(2002)认为城乡职能分工的合理化、经济发展和市场配置的一体化、区域性基础设施的一体化、城乡经济、资源

---

① 杨荣南、张雪莲:《城乡一体化若干问题初探》,《热带地理》1998年第1期。
② 甄峰:《城乡一体化理论及其规划探讨》,《城市规划汇刊》1998年第6期。
③ 李同升、库向阳:《城乡一体化发展的动力机制及其演变分析——以宝鸡市为例》,《西北大学学报(自然科学版)》2000年第3期。

与环境的可持续发展等,是实现城乡一体化的必备条件;①杨荣南(1998)等则提出农业现代化、城乡经济一体化、基础设施的革新、城乡生活水平与生活质量提高、城乡生态环境美化是城乡一体化实现的条件。② 石忆邵等(1997)认为,市场的一体化是城乡一体化的关键核心,其标志是网络型地域经济系统的生成。③

3.有关城乡分割的原因的问题

马晓河(2004)将我国城乡发展的不协调归结为"五大失衡",即城乡公共品供给失衡、城乡居民投资失衡、资源要素流动和农村劳动力转移失衡、城乡居民收入增长失衡、城乡经济体制改革失衡。当下的大量文献资料也证实了我国城乡之间发展差距的情况。④ 李岳云(2004)等从四个层面和劳动、资本、商品、管理的角度出发,构建了城乡统筹的评价指标体系以测度城乡协调发展水平。结合多年的研究资料,学者们普遍认为城乡差距的原因,一方面有城乡产业特性的自然因素,但最重要的是城乡间的非均衡发展战略和二元体制形成的制度障碍。⑤

除此以外,还有很多学者探讨了城乡一体化的必要性与紧迫性、城乡一体化的测评体系、建设城乡一体化的对策和建议等等。不过总的来看,城乡一体化在理论研究上还不成熟,尚未形成一个统一的理论框架与理论模式,研究工作还在摸索当中。

(三)理论适用性

长期以来,我国城市和农村自独立发展,城乡对立、僵化,越来越不适应国家的现代化进程。为了解决城乡对立问题,中央先后提出了城乡统筹发展与城乡一体化发展战略,为我国城乡关系的重新确立指明了方向和目标。只有把工业与农业、城市与乡村、城镇居民与农村村民作为一个整体,统筹谋划、综合研究,通过体制改革和政策调整,促进城乡在规划建设、产业发展、市场信

---

① 吴伟年:《城乡一体化的动力机制与对策思路》,《世界地理研究》2002年第4期。
② 杨荣南、张雪莲:《城乡一体化若干问题初探》,《热带地理》1998年第1期。
③ 石忆邵、何书金:《城乡一体化探论》,《城市规划》1997年第5期。
④ 马晓河:《统筹城乡发展要解决五大失衡问题》,《宏观经济研究》2004年第4期。
⑤ 李岳云、陈勇、孙林:《城乡统筹及其评价方法》,《农业技术经济》2004年第1期。

息、政策措施、生态环境保护、社会事业发展的一体化,改变长期形成的城乡二元经济结构,实现城乡在政策上的平等、产业发展上的互补、国民待遇上的一致,让农民享受到与城镇居民同样的文明和实惠,使城乡人口、技术、资本、资源等要素相互融合,互为资源,互为市场,互相服务,逐步达到城乡之间在经济、社会、文化、生态、空间、政策(制度)上协调发展的过程,最终使整个城乡经济社会全面、协调、可持续发展。

三、社会风险理论

(一)社会风险的提出与发展演变

社会风险是在风险一词提出之后产生的,是人们对风险认识深化的结果,而风险一词最早出现在17世纪的欧洲,早期的风险单指自然风险,也被称为"外在风险"。随着时间的推移,风险的内涵才逐步扩展,将"人为风险"也包含其中。而后来人们对风险进行分类时,才出现诸如政治风险、经济风险、社会风险等概念。由于学界内对社会风险和风险社会两个概念认识还不清晰,所以简要对两个词进行辨析。"风险社会"是德国学者乌尔里希·贝克在其《风险社会》一书中最早提到并进行了深入论证,根据贝克以及其他学者的描述可将其定义为:风险社会是指由反思性现代化和全球化而可能给人类生存带来毁灭性损失的社会发展阶段。社会风险和风险社会的关联主要体现在二者都与社会、风险范畴有关,其次二者都指向一定的损失性,前者着重指社会结构、社会秩序的损失,后者指向的是人类社会生存面临的重大损失。它们之间相互影响。在当代,社会风险的风险源在一定的条件下会导致风险社会。而风险社会中发生的危机事件也会直接影响社会结构与秩序。二者虽有词序颠倒,但依旧是含义不同的两个概念。①

早在19世纪的马克思主义思想理论体系中就蕴含了丰富而深刻的社会风险思想,在马克思看来,资本主义市场中的虚拟资本一方面可以起到解决经济风险的作用,但其存在很大程度的投机属性等不良因素,制造和加剧了更大的社会风险的存在。政治领域中的阶级革命也是在推翻旧制度,摧毁国家机

---

① 冯必扬:《社会风险与风险社会关系探析》,《江苏行政学院学报》2008年第5期。

器,本质上也是一种社会失序。他认为社会风险是由人类自身实践活动所具有的矛盾性、冲突性和历史局限性造成的,是人与人之间、人与自然之间以及人与社会之间矛盾运动的特殊表现形式。①

20世纪关于社会风险的探讨始于乌尔里希·贝克基于技术与生态视角的研究,他认为随着现代化进程的不断加快,人类社会正处于从古典工业社会向现代风险社会转化过程中,整个社会的动力机制、运行逻辑、基本结构等都呈现出断裂重构的趋势。② 在此之后学者们对社会风险进行了深入研究,安东尼·吉登斯在其著作《现代性的后果》中指出风险是社会现代性的一种后果,现代性的世界民族国家体系、世界资本主义经济体系、国际劳动分工体系和军事极权主义四个制度支柱都可能分别带来权威主义、经济崩溃、生态恶化、世界大战等严重的社会风险。③ 尼古拉斯·卢曼从系统视角展开对现代社会风险问题的研究,他认为现代社会的分工形式和不同的功能系统中的决策是风险问题产生的根源,正是由于现代社会系统的复杂性特征导致风险在某种程度上不可避免,提出从制度层面依靠法制防范社会风险。④

随着传统社会开始向现代社会过渡,许多不确定因素和有待克服的风险开始增多。自中国实行改革开放以后,一些社会问题也在现代化进程中不断出现,邓小平理论中充分体现了社会风险的思想,他多次提到改革本身就是有风险的,其社会风险理论概念蕴含着丰富的现实意义,浓缩为五个"失"——失败、失误、失重、失心、损失。即改革容易产生矛盾,失败是社会风险的预警;城市和农村的经济改革难免复杂容易出现错误,需要冒风险,这也容易导致社会动乱和不稳定,改革过程中出现的腐败问题会导致失去民心,最后带来社会的损失。21世纪以来全球面临各种安全威胁,由此也引发了学者对于社会风险研究的重视与热情。总体来看,学者们都认为社会风险覆盖了政治、经济、文化等多个领域,并采用不同的范式对社会风险进行了解释。一些学者从现

---

① 潘斌:《社会风险论》,华中科技大学2007年博士学位论文。

② Ulrich Beck. Risk Society:Towards a New Modernity. London:Sage Publications,1992, p. 20.

③ [英]安东尼·吉登斯:《现代性的后果》,田禾译,译林出版社2000年版,第4—9页。

④ Niklas Luhmann. Risk:A Socio logical Theory [M]. Berlin:de Gruyter,1993,p. 33.

实主义角度出发,强调社会风险的不确定性,即一部分社会风险最终会转变为公共危机,因此研究主要是注重风险的识别、预警以及构建指标建立社会风险评估模型。还有学者研究在结构变迁下的社会风险问题,并从社会阶层分化、性别失衡以及人口流动等方面进行分析后发现社会阶层的结构性断裂、男女比例失衡以及农民市民化等问题都容易对社会安全形成威胁,引发社会风险。也有一些学者从治理理论的角度出发,认为社会风险的治理和创新借助加强网络媒体建设,依托大数据力量,完善沟通机制等方式,由此才能化解社会风险治理中存在的问题。

(二)理论的主要内容

1. 关于社会风险的概念

正确认识社会风险的内涵,首先必须要明确风险的本质。风险既具有损失性,又具有不确定性。冯必扬(2008)从内涵、范围、来源、预警及后果等视角区分了社会风险和风险社会两个概念,在风险的两种属性中,损失性才是根本属性,而不确定性则是指损失的不确定性。社会损失又表现为社会失序与社会混乱,因此冯必扬对社会风险的界定为:社会风险是由个人或团体反叛社会行为所引起的社会失序和社会混乱的可能性。[1] 赵延东(2007)从现代风险的自反性角度认为风险正是现代化自身发展到一定程度的产物,它可以被界定为系统地处理现代化自身引致的危险和不安全的方式。[2] 社会风险还有广义和狭义的角度之分,宋林飞(1999)提出广义的社会风险指在经济、政治、文化等诸多领域内可能造成社会动荡和不安的风险;而狭义的社会风险是与政治风险和经济风险相区别的一种风险,是有所得分配不均、发生天灾、政府施政对抗、结社群斗、失业人口增加造成社会不安、宗教纠纷、社会各阶级对立、社会发生内争等因素引起的风险。但就目前为止,中国国内关于社会风险仍然未形成统一的概念与理论体系。[3]

2. 关于制度变迁下的社会风险

王增文(2018)从社会保障的角度出发,分析了社会保障制度配置下的社

---

① 冯必扬:《社会风险与风险社会关系探析》,《江苏行政学院学报》2008年第5期。

② 赵延东:《解读"风险社会"理论》,《自然辩证法研究》2007年第6期。

③ 宋林飞:《中国社会风险预警系统的设计与运行》,《东南大学学报》1999年第1期。

会保障资源与农村居民所面临的社会风险的关系问题,提出要完善农村社会保障制度以优化农村社会保障资源配置。① 温志强、滑冬玲(2017)从制度变迁的视角认为社会管理制度在逐步的完善过程中,一方面新旧制度共存会造成利益薄弱的主体难以适应,在过渡阶段也容易加深社会不公,从而激化固有的社会矛盾。② 王增文(2018)基于基层治理视角发现基层纠纷的社会风险的酝酿和形成,与基层纠纷的管理和化解效率有着密切关系,提出在社会建设中建立起多元纠纷解决机制化解基层纠纷的社会封建。③

3. 关于社会结构变迁下的社会风险

社会结构变迁对社会稳定具有直观且重要的影响,温志强、滑冬玲(2017)强调这种中国社会的结构性断裂导致社会各阶层和群体间难以达成共识,无法进行广泛的社会动员和有效的社会控制,不利于社会风险的治理。④ 陆益龙(2018)提出中国社会结构的"倒丁字型"说,中国上层精英和下层群众之间的贫富差距不断拉大,社会结构内部已经十分脆弱,对社会风险的应对能力减弱。⑤ 从人口流动的角度来看,郑杭生、洪大用(2004)构造了农民工社会融合过程中社会风险产生的多阶段动态博弈模型,分析了农民工群体在政府采取不同策略的情况下选择抗争和妥协策略的约束条件,以及产生短期和长期社会风险的发生机理。⑥ 李强(2005)也认为农民市民化陷入了经济、政治、社会、人际和生态等多重维稳风险之中,应当构建政府引导的多元参与治理体系、创新户籍和土地产权管理制度、培育城乡一体融合的认同文化,以有效化解农民市民化的社会稳定风险。⑦

---

① 王增文:《风险社会、保障性资源配置和神灵诉求行为——中国农村社会风险预警体系研究》,《青海社会科学》2018 年第 1 期。
② 温志强、滑冬玲:《社会转型期的社会风险分析及防范应对》,《理论学刊》2017 年第 3 期。
③ 王增文:《风险社会、保障性资源配置和神灵诉求行为——中国农村社会风险预警体系研究》,《青海社会科学》2018 年第 1 期。
④ 温志强、滑冬玲:《社会转型期的社会风险分析及防范应对》,《理论学刊》2017 年第 3 期。
⑤ 陆益龙:《社会主要矛盾的转变与基层纠纷的风险》,《学术研究》2018 年第 6 期。
⑥ 郑杭生、洪大用:《中国转型期的社会安全隐患与对策》,《中国人民大学学报》2004 年第 2 期。
⑦ 李强:《"丁字型"社会结构与"结构紧张"》,《社会学研究》2005 年第 2 期。

4. 关于社会风险治理

宋艳、苏子逢、孙典（2017）通过梳理社会风险知识谱系，重新设计出社会风险治理的流程框架，根据风险流程的三个阶段特点形成了以专家-政治-社团为中心的风险治理模式，并由此建构了一个系统、复合、循环的社会风险整合治理机制模型。[1] 宋艳、苏子逢、孙典（2017）强调利用大数据构建治理主体合作共治，认为广泛存在的数据信息孤岛成了对社会风险进行合作共治的重要障碍，社会风险治理亟须在精准预测、有效评估、风险量化和高效应对等环节得到改善，而这有赖于部门间数据信息孤岛的消除与合作共治、智慧治理社会风险的推进。[2]

（三）理论的适用性

社会风险理论的主要目的是描述和解释风险，运用社会风险理论来识别和应对以及控制社会风险是当下的任务。2007 年国家发改委下发统筹城乡综合配套改革试验区通知，全面推进各个体制的改革，推进城乡融合发展。而城乡二元结构始终是城乡统筹发展路上的障碍，其中经济发展不平衡、城乡基本公共服务均等化建设任务艰巨，社会阶层关系失衡以及农业转移人口市民化等问题使得改革之路充满了不确定因素，容易诱发社会风险。我国目前处于全面深化改革的攻坚期，社会风险是伴随着社会转型与改革的必然产物，其本身具有多样性、扩散性、人为性、潜在性等特征，需要政府妥善应对，加强治理。通过梳理国内外学者对社会风险理论的演变以及内容研究，从不同视角来解释其形成的原因并提出风险识别、评估和治理途径，由此系统理解社会风险演化机理与治理逻辑，政府在治理过程中需要提高社会风险应对决策的科学性、学理性、针对性和可操作性，建立复合的、系统的社会风险治理机制，加强社会保障等举措，才能有效地应对统筹城乡综合改革中出现的现代性风险和挑战。社会风险理论集合了多学科的视角，运用理论有助于积极化解改革面临的风险，实现国家治理现代化目标。

---

[1]　宋艳、苏子逢、孙典：《新生代农民工社会融合过程中产生社会风险机理研究——基于多阶段动态博弈模型分析》，《东北大学学报（社会科学版）》2017 年第 5 期。

[2]　宋艳、苏子逢、孙典：《新生代农民工社会融合过程中产生社会风险机理研究——基于多阶段动态博弈模型分析》，《东北大学学报（社会科学版）》2017 年第 5 期。

第二章 集成推进统筹城乡
综合改革现状分析

第一节 典型区域集成推进统筹城乡综合改革现状

一、成都市集成推进统筹城乡综合改革现状

(一)成都市集成推进统筹城乡综合改革示范建设的主要举措

成都作为全国统筹城乡综合配套改革试验区、首批国家现代农业示范区、第二批全国农村改革试验区,经过多年的改革探索,已形成了统筹城乡综合改革的"成都经验"。站在新的历史起点上,成都不断革新发展理念、创新改革举措,以集中集成改革为重点,积极探索出一条带有成都特色的综合性、系统性、整体性的统筹城乡综合改革新路,对全国其他地方的统筹城乡综合改革工作具有重要借鉴意义。

1.启动全域规划改革,集成政策推广

从2013年开始,成都按照"全域谋划、连片规划、重点突出、特色错位、资源整合、统筹推进"的工作思路,坚持规划由局部向全域转变、由互不干扰的单项规划向多规合一转变,突破区域限制。一是推行全域示范整体设计。依托区(市)县级土地利用和城镇总体规划,打破镇域和村域界限,实施示范镇(片)城镇建设总体规划修编、土地利用总体规划修编、产业发展规划修编、各项专项规划以及小城市控制性详规编制等工作,形成以重点示范镇为龙头、辐射带动周边乡镇的区域联动发展格局(图2-1)。二是推行村庄规划编制工作。

图 2-1　示范片全域规划

结合示范镇(片)域范围内自然环境、人口、生产要素、产业机构等特色,打破村域界限,连片规划编制,积极推动"多村连片"村庄规划编制工作。例如郫县新民场镇、三道堰镇的"五村连片"村庄规划编制。截至目前,成都已经累计确定了 15 个统筹城乡综合改革示范片,19 个统筹城乡综合改革示范镇,覆盖 52 个乡镇(街道)。在确定为示范镇(片)的基础上,积极做好统筹规划工作,推动统筹城乡综合改革的顺利开展。

统筹城乡综合改革的集成推进在全域规划指导下,目标集成与产业集成需要分阶段、分区域实现,但其首要前提是要有完善的政策集成支持系统,成都按照国家发改委《关于进一步做好国家综合配套改革试验区工作的意见》和《成都统筹城乡 2025 规划》要求,积极完善"8+1+N"的改革格局,积极推动示范建设项目申报评审阶段、前期准备阶段、项目建设管理阶段的政策集成供给和供给的常态化,鼓励各主体集成创新,确保示范建设的有序进行。当然,在示范建设过程中,政策之间不配套、甚至互相冲突的情况时有发生。基于此,成都各级统筹委(办)在探索推进改革示范建设的过程中,也不断对各项政策进行摸底和梳理,查找比对各项政策中有冲突的地方,形成问题台账,通过建立上下联动的问题反馈机制,优化完善联席会议工作协调机制,积极推动政策配套。如农村产权制度与金融制度间衔接问题。各级集成主体为推动示范区域内的集成改革,积极出台配套政策,多途径实现多项政策的集中集成,通过完善政策支持系统推动示范建设。

2. 强化工作推进机制,调动基层参与积极性

示范建设工作的有效开展离不开各级各部门的组织领导。成都在集成推进统筹城乡综合改革建设过程中,逐步形成了一套行之有效的工作机制(如图2-2)。在实际工作开展过程中,通过建立部门联席会议制度,分解工作目标任务,细化工作职能职责,确定各区(市)县级部门的具体工作及改革事项,充分调动发挥这些区(市)县级职能部门在示范建设中的积极性和创造性,促进了工作推进体系的建立,将工作层层落实到位;定期召开片区工作推进会,及时研究解决集成推进统筹城乡工作中的重大问题,协调推进示范建设工作,集成服务于镇村发展。成都在示范建设过程中,逐步串联起由乡(镇)、区(市)县统筹部门、市委统筹委组成的三大统筹城乡平台,并形成示范建设合力,加快统筹城乡工作推进步伐。

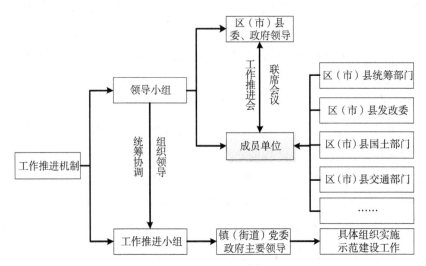

图2-2 各地集成推进统筹城乡综合改革示范建设的工作推进机制

推进统筹城乡综合改革示范建设的终极目标乃是提高人民群众的生活质量、生产水平、幸福指数,因此必须始终坚持发展为了群众、发展依靠群众、发展成果与群众共享的原则。为此,各集成主体积极探索建立了保障农民群众权益的群众参与机制,调动群众参与集成改革的积极性。如继续推进基层治理机制创新,完善"三会"制度,保障群众参与的规范化、制度化,诞生了"小组微生"式综合体"自主融资、自主整理、自主建设、自主发展、自主分配"的郫县"五自模式"和群众"参与不参与自主选、实施方案自主议、资金账目自主算、建设质量自主控、建好新居自己管"的双流县"五自模式",探索形成了"广泛宣传、收集意见、梳理项目、议决项目、确定业主、实施监督、评议整改、资金支付"的村民自治"八步工作法"等。各示范镇(片)通过充分、有效的措施将农民群众引入到示范建设工作中,构建了完善的群众参与机制,探索出一条政府和群众共同参与示范建设路径。

3.规范改革过程运行,突出产业和服务集成

为进一步突出改革主体,成都按照"定任务、定重点点位、定验收标准"的"三定"要求,对成都统筹城乡综合改革示范建设示范镇(片)推行了改革事项、建设项目和推进机制的任务清单、重点点位清单、验收清单"三个清单"管理,确保示范建设工作取得成效。与此同时,各示范镇和示范片内的乡镇定期向上汇报三个清单的完成情况,将其纳入专项目标管理,对县级部门和乡镇实行捆绑式考核,确保集成改革事项和建设项目的保质推进。通过实行"三个清单"管理,将成都集成推进统筹城乡综合改革示范建设的内容和标准进一步明晰化,集成"8+1+N"项改革主线,规范改革建设项目规划和工作推进机制建设。

为进一步推动示范建设持续发展,增强农民增收动力,各示范镇和示范片积极探索发展路径,坚持产业联动,积极推动"产村融合"式发展,以示范产业为支撑,推动产业提档升级、做大做强,加快形成稳定、多元的农民增收格局。一是大力培育新型农业经营主体,做强示范建设产业支撑,引导示范区域开展多种形式的土地适度规模经营,推动农业的现代化发展。二是依托产权融资助推产业发展。各示范镇和示范片依托农村产权制度改革成果和"新四权"成果向金融机构抵押融资,发展壮大产业。例如郫县唐元镇天绿韭菜合作社

就利用确权后的258亩农作物向邮政储蓄银行抵押贷款了40万元,及时缓解了合作社流动资金难题,扩大了合作社的经营规模。三是服务集成助力三张清单管理。几乎所有的镇、村都有各政府部门的联络网点和社会网点为农民服务,各示范镇和示范片充分整合服务资源,为改革事项和建设项目集成服务,促进集成改革过程的规范运行。

4.整合资源,扩展改革的纵深幅度

集成推进统筹城乡综合改革的关键在于资源整合程度,包括制度资源的整合与创新、项目与资金的支持、区(县)级相关部门及其与乡镇(街)的充分协同、协同、协调。只有内外资源共享要素有效整合,才能产生集成增效作用,只有资源要素间具有相互包容性和相互补充性,各集成要素才有可能集成、有必要集成;只有资源要素的集中集成才能打破体制与部门利益的障碍,在示范片和示范镇内扎实地推进"8+1+N"的改革事项,强化改革集成。调研显示,72%的受访者认为,本地区的集成改革基本实现了多要素资源的协同。以金融制度改革为例:

一是进一步完善农村金融点位。金融机构结合农村现有的公共服务代办员、网格员、治安员、信息收集员等基本服务联络员体系配齐了金融服务联络员,有效解决了农村金融服务最后一公里问题。二是金融机构推行项目授信制度。示范片和示范镇在以项目建设为载体的集成改革中,不断地进行创新性探索,出现了诸多的"五自模式"和"N步工作法"等,但其资料信息的公开度与担保能力不足,影响了贷款资金的投入。金融机构结合农村产权抵押登记制度,并与示范乡镇通力合作,为自主创新探索的集成改革示范点量身制作方案,以项目授信形式给予贷款。三是针对农村产权的"旧四权"和"新四权",金融机构尝试提供个性化的专业服务。比如成都银行在双流县等示范片内开展了新村集中建设项目贷款和"新四权"抵押贷款等业务,解决了"旧四权"抵押贷款的担保难题,有助于持续激发示范镇和示范片的集成改革动力。

5.建立定期抽检机制,保障改革持续推进

注重集成改革的持续性示范效应,建立改革成果的定期抽检机制。由于成都集成改革是推进统筹城乡改革的首次探索,集成改革示范点建设过程会遇到各种不确定性。示范点的作用在于示范效应,因此,市级部门在改革前就已经建立起集成改革进度的定期抽检机制,在改革中定期对改革进度和改革成果进行随机检查,对检查结果较好的示范点进行奖励,并将其成功经验作为典型,向其他示范点再示范;对较差的示范点进行通报,并告知其需要改进的地方。对于示范建设即将到期的示范点,虽然还没有出台相应的定期检查机制,但统筹委相关领导表示,即将出台相应的规章制度加强对其抽检,检查其是否还有需要继续深化改革的事项,示范点建设已经完成并有较好成效的改革事项是否还继续保持其成效,这样做旨在能够刺激其主动发挥其示范效应,避免示范点建设完期过后的改革停滞带来的发展停滞和示范效应的停滞。改革成果的定期抽检不仅可以督促示范点建设改革的进度,也可对改革主体形成无形的约束机制,激发其责任感,规避示范点建设当中的不当或迟缓动作,发挥示范点应有的示范效应,促进集成改革的顺利推进和深化。

6. 建立严格的进退机制,确保集成改革的倍增效应

在准入方面,自推行"集成推进统筹城乡综合改革示范建设"以来,为确保集成改革的倍增效应,成都统筹委不断地改进工作机制,示范片和示范镇等的准入由市级部门直接认定改为区(县)自行申报和自主推荐、市统筹委实地调研、专题评审。市级部门准入机制的改变也直接影响了区(县)一级对有示范意愿的乡镇的准入机制的改变,比如,新都区在区内也采取了与市级相同的准入机制,确保示范镇和示范片具备集成改革的条件。虽然有的区(县)并没有采取市上的准入机制,但在区(县)内部也设定了一些标准,包括产业发展基础、改革创新基础、示范带动的可能性等,由此筛选出示范点,力争使其在区(县)内外都能产生示范效应。在评估方面,市统筹委按照三个清单进行督导、以群众满意度为关键指标对改革效果进行评估,合格者可以获得市级集成资金和集成政策支持;反之则要求限期整改,整改仍不合格者将停发剩余补助资金并收回已拨付资金,同时取消下一年度的申报资格。

(二)成都集成推进统筹城乡综合改革示范建设的成效

根据《成都统筹城乡2025规划》,到2025年成都将成为城乡一体、和谐相融的幸福城市,包括生产要素平等交换、公共资源均衡配置、社会治理科学有效等目标。从目前来看,成都集成推进示范建设的成效基本体现了上述目标。

1. 保障了生产要素平等交换

十八届三中全会《决定》提出"推进城乡要素平等交换",并提出要"维护农民生产要素权益"。成都在集成推进统筹城乡综合改革示范建设过程中,生产要素的平等交换是集成的首要前提。在土地要素中,重点推动农村产权制度、土地制度、金融制度改革的融合,通过确权颁证、建立乡镇农村产权管理服务中心、开展集体资产股份化改革、开发利用集体建设用地、探索农户自愿有偿退出宅基地等措施,盘活农村土地要素,通过建立镇金融服务体系、开展农村产权抵押融资等金融制度改革手段,有效构筑起完善的、城乡统一的土地要素市场化体系。在劳动力要素中,以户籍制度改革为抓手,探索解决人户分离问题,研究鼓励跨村跨镇居住的农民在实际居住地登记户籍的办法,保证农民享有当地基本公共服务和便利;以产业发展为依托,为农民创造更多进城就业与就地就近就业的机会;以农民就业能力提升为重点,开展农村劳动力就业能力培训,增强农民的就业竞争力。在资金要素中,以农村土地制度、产权制度改革为配套,积极推动农村资本市场发育,加快农村金融创新发展。例如崇州市在推进统筹城乡综合改革示范建设过程中,采取系列措施推进农村产权流转交易,激活农村资金要素市场。截至 2016 年 8 月,崇州市农村承包土地流转面积 34.273 万亩,已达确权颁证面积的 58.43%;林权流转面积 4.07 万亩、农房流转面积 396310.63 平方米,各类农村产权抵押融资达 16 亿元。[①]在农村产权流转交易改革过程中成果颇丰。彭州市也于 2015 年 12 月制定了《彭州市农村产权抵押贷款改革试点工作方案》,着力深化农村金融改革创新

2. 促进了公共资源均衡配置

自 2003 年成都推行城乡一体化建设以来,城乡规划实行全域覆盖,城乡交通实行全域畅通,城乡基本公共服务实行均等化供给,创新基层治理机制,探索统筹城乡综合配套改革,基本建立健全了城乡一体化的公共资源配置制度,尤其是公共财政基本建立起了基于供需平衡的公共服务供给增长机制。以 2014 年为例,成都一般公共预算收入达到 1025 亿,2015 年的基本公共服

---

① 《崇州市建成农村产权流转交易"六大体系"》,《成都日报》2016 年 8 月 16 日。

务投入比上一年的预算增加了 41 亿元,①动态的财政供给制度设计有力地保障了城乡公共资源的均衡配置。截至 2016 年 5 月,成都共建成"小组微生"新农村综合体 123 个,总投资 58.1 亿元,超过 2 万户、约 8 万人入住新居,②推进了示范区域内的产村融合式发展和美丽宜居乡村建设。尽管如此,成都各区(县)之间和内部仍然存在城乡差距,集成推进统筹城乡综合改革示范建设的配套资金对差距的消弭起到了引领作用。比如,新都区,选择交通便利、改革基础良好、产业基础雄厚的新繁镇和斑竹园镇作为第一批示范建设申报点,以市级配套资金撬动集成改革,但在区域内,全部乡镇则同等竞争全区统筹城乡综合示范点项目,不以市级试点为优先或排除其参与资格,在区域内均衡配置公共资源。与之相反,郫县则采取了完全不同的路径来促进区域内的公共资源均衡配置模式。郫县申报的示范片是以安德的川菜产业园为基础带动周边纯农业的唐元镇、新民场镇的方式,实现乡镇间资源的均衡配置。调研显示,新都区新繁镇并没有因为未成功申报为区内示范点而降低示范作用,郫县安德示范片正在积极赶超郫筒镇。由此可见,集成推进统筹城乡综合改革示范建设正在发挥集成增效功能,推动了区域间和区域内部公共资源的均衡配置。

3. 推动了社会治理模式深度创新

在社会管理改革方面,各示范片和示范镇积极规范实施村公项目管理,推行全过程公开公示制度和村公项目标识化管理制度,进一步完善了"一核多元、合作共治"的新型村级治理机制。在农村基层治理机制方面,成都市委市政府印发了《关于深化完善村级治理机制的意见》,要求在农村基层治理过程中,要积极建立健全村(社区)内党组织,强化农村基层党组织领导核心地位;规范议事会运行,提升议事质量,以议事会决议的方式建立专家咨询、议事会成员考评退出联系村民等制度;推进社会职能与经济职能相分离,建立完善集体经济组织;大力培育发展社会组织,实现了社会治理机制的民主化、科学

---

① 《2015 年成都市级财政预算出炉 民生投入增加 41 亿元》,《成都日报》2015 年 3 月 14 日。

② 《5 年探索 成都建设"小组微生"新农村综合体 123 个》,http://www.sohu.com/a/69890626_120237/2016-04-18。

化。① 例如邛崃市统筹城乡综合配套改革试验区建设领导小组办公室印发了《邛崃市冉义镇社区基层治理机制试点实施方案》的通知,在党组织建设、自治组织建设、集体经济组织建设、业主组织建设、社会组织培育、管理服务队伍建设等方面进行了重点要求,以充分保障农村在集中居住区享有便捷高效的公共服务,巩固综合改革示范建设成果。在社会治安治理过程中,部分示范片和示范镇在现有网格化基础上,进一步拓展线上线下建设,积极创新建立了指挥高度平台化、管理服务一体化、资源力量整合化、网格划分层级化的四合一式的联动联勤社会治理机制,形成了社会治安治理的效能提升、信息共享的新格局,如双流县黄龙溪—永安—公兴示范片等。调研显示,72%的受访者认为,集成改革有效地改善了本地区的社会治安状况。

4. 实现了产村相融和三产联动

产村相融、两化互动、三产联动是四川省委三大发战略之一,成都以"小组微生"新农村综合体为阵地,以农民自愿有偿腾退宅基地为基础,以集成改革为契机大力推动产村相融、三产联动工作。例如郫县唐元镇依托生态资源和韭菜韭黄特色产业优势,着力打造以"魅力韭乡·生态唐元"为品牌的绿色低碳生态循环示范镇;彭州市葛仙山镇以牡丹花为产业重点,着力打造"中国(成都)牡丹花海";大邑县斜源依托地区资源禀赋和区位优势,积极开展药材种植,树立了"山林药谷、度假斜源"的一三产业互动发展目标;青白江区福洪镇以杏产业为重点,加快引进、培育新型农业经营主体,创新探索"公司+基地+农户"的杏树托管经营模式等方式,积极推动"福洪杏"品牌打造。这些典型产业集聚和一二三产业的联动,在"小组微生"为特色的综合体周围的发展,不仅丰富了产业形态、增加了就业、促进了农民增收,还关键在于破解了城乡经济社会发展统一规划和产业集聚发展的难题,同时还改善了农村自然面貌和生态环境,把资源优势转化为产业规模优势和区域经济优势,促进了城乡三次产业融合发展和人与自然的和谐发展,实现了示范片和示范镇内幸福美丽新村的业态、生态、文态和形态的高度融合。

---

① 注:本部分内容摘录自成委发〔2016〕7号文件"关于深化完善村级治理机制的意见"。

5.建立了覆盖城乡的成果共享机制

统筹城乡综合改革示范建设有效地推动了城乡现代化进程,成都着力推动城乡公共资源的均衡配置,让城乡居民共享现代化成果。通过户籍制度改革,建立了城乡统一的户籍制度,让进城农民能在城市定居、接受教育、正规就业,享受城市居民所能享受到的住房、医疗和各种社会保障的改革成果;通过就业制度改革,建立了从市到村建立了就业服务网络,实行了就业实名制和"分片定责入户"的就业督查机制;通过社会保障制度改革,建立了城乡一体的社会保障和救助体系,加大补贴力度,优化参保结构,提升参保质量,完成了百万余名城镇职工基本养老保险待遇调增工作;通过教育体制改革,促进了城乡教育的均衡发展,成都教育发展指数达 0.928,在 15 个副省级城市中居第 1位;①通过医疗、卫生体制改革,构建了城乡一体的公共卫生服务体系,成都基层卫生基础设施、管理模式和服务方式都发生了明显改善,公共卫生和基本医疗服务水平不断提高,成都卫生整体服务能力明显加强,广大群众从中受益明显。

二、湖北仙人渡镇集成推进统筹城乡综合改革现状

(一)仙人渡镇集成改革的背景

湖北省仙人渡镇在集成改革中处于前列,改革的成效显著,改革的步伐推进速度较快,取得了丰硕的改革成果,对于国内其他地方的集成改革起着典型示范的作用。该镇集成改革行动及其改革成效有着深刻的背景。来自省级和市县级的改革政策在理论上和思想上给予了指导和支持;良好的区位优势给改革提供了基础;高比率的土地使用效率推动了城镇化得建设;建立在循环产业基础之上所形成的产业链条成为改革的内生动力。总的来说,仙人渡镇改革源于政策的指导,自生谋求发展的要求和趋利避害的考量(如图 2-3)。

在简要地了解仙人渡镇集成改革的大背景后,下面我们详细地分析改革背景的四个方面,结果如表 3-1 所示。

---

① 《崇州市建成农村产权流转交易"六大体系"》,《成都日报》2016 年 8 月 16 日。

图 2-3　湖北省仙人渡镇集成改革背景的 SWOT 分析

表 2-1　湖北省仙人渡镇集成改革背景的 SWOT 分析详细解释

指标	具体体现
优势	良好的区位优势:毗邻多个经济发展良好的镇,处于交通枢纽地位; 雄厚的产业基础:规模以上企业达到 35 家,工业总产值达到 200 亿元; 高效的土地使用:87.04% 的土地得到利用,12.96% 的土地未利用; 丰厚的政策资源:湖北省着力打造的工业强镇,并多次评为中国乡镇之星。
劣势	突出的人地矛盾:耕地面积 4.76 万亩,农业人口 30123 人,人均 1.5 亩土地; 土地利用方式粗放:大量的土地被用于城镇建设用地,预留的农业用地较少。
机会	国家全面深化改革的政策支持:国家全面推进深化改革的大前提下提升了改革的积极性; 城乡一体化建设的资金投入:各级政府对城乡一体化建设投入了大量的资金; 经济转型的浪潮推动:新型农业产业变革为该镇发展绿色循环经济提供了条件。
威胁	城镇建设用地不断侵占农业用地:城镇用地不断扩大,农业用地逐渐出现萎缩状态; 民众对集成改革的可持续性的担忧:民众对于改革是否可以获得持续性效益持有怀疑态度。

注:具体数据均来源于仙人渡镇政府网站。

(二)仙人渡镇集成改革的主要做法

仙人渡镇在集成改革中提出了多元化的改革措施,涉及产业管理机制的创新、人员动员机制的创新、检查督办机制创新等多个方面,通过浏览湖北省仙人渡镇政府网站收集到了该镇集成改革的一些措施,并对改革措施进行整理,筛选出 9 条比较有借鉴意义的改革措施。同时,针对每一项具体的措施尝试着分析出其集成表现,并对该项措施所产生的预期/实际绩效进行评估。湖北省仙人渡镇集成改革的措施整理归纳如下:

①"党组党员积分管,典型示范带头干"。

②构建"三资三化"的农村集体资产管理机制。

③"减阻增动凑合力,妇联干部广动员"。

④"财政信访联合办,土地纠纷有人管"。

⑤"征收工作专班专办,专题任务挂图作战"。

⑥"特色三产融合互动,循环经济绿色示范"。

⑦成立城乡一体化综合配套改革试点特色产业发展领导小组。

⑧建立"双结合式"的检查督办工作机制。

⑨构建"三子联动"的基层动员机制。

在对该镇集成改革措施有了总体了解之后,下面我们将分别介绍以上 9 个措施的具体内容。

1."党组党员积分管,典型示范带头干"

村级组织中推行村级党组织党员积分管理制。围绕基础工作,科学设置积分内容,按照申报、汇总、核实、公示的步骤进行积分,并将积分结果运用到评先表彰中。充分地发挥党员在集成改革中的带头示范作用,整合了人力资源,统一了改革目标。

2. 构建"三资三化"的农村集体资产管理机制

在专业人员的多次指导下,加快农村集体资金、农村集体资产和农村集体资源的制度化、规范化、信息化。清晰的厘清了农村集体资金、资产、资源的种类和数量,明确识别农村三资。实现了农村三资在使用上的规范化管理,并利用现代信息技术及时公布集体资产使用状况,做到了使用和管理上的透明化。

3. 减阻增动凑合力,妇联干部广动员

镇妇联女干部积极投身参与拆迁腾地工作;组织妇女骨干广泛宣传征地拆迁及相关政策;发挥参谋助手作用,及时把群众的意见和建议反馈到党委政府;为征地拆迁减少了阻力、增加了动力、形成了合力。动员妇联干部下基层参与改革的动员、宣传工作,充分地考虑妇女同志在宣传工作中所具有的独特优势,合理的利用和整合了组织资源和人力资源,实现了人员集成。

4.财政信访联合办,土地纠纷有人管

构建农村土地承包仲裁工作机制。镇财政所和镇信访办联合办公,组建仙人镇农村土地承包纠纷调解委员会。结合农村土地承包经营权确权登记颁证工作的开展,进一步完善农村土地承包经营纠纷仲裁和调解工作机制。通过财政所和信访办的联合办公实现了组织的集成,整合了组织资源,构建土地承包仲裁机制为农村土地流转中出现的问题的解决提供了场所,将改革的风险尽可能地降到最低。

5.征收工作专班专办,专题任务挂图作战

由书记镇长挂帅,3名班子成员参加,抽调富有群众工作经验的同志组成征收工作专班;实行挂图作战,路径图管理。坚持每周专班全体会,专题任务每天碰头会,实行工作清单交办制,日结日清。针对集成改革中有关土地、宅基地的征收的难点工作建立专班机制,做到了重点问题重点处理。

6.特色三产融合互动,循环经济绿色示范

努力打造全国新型工业化示范基地和循环经济示范园区。发展特色农业、特色工业、特色服务业。简单来说,其特色主要体现在其新型工业化示范基地和循环示范园的建设,新型工业化和循环经济体现了绿色经济发展之路,实现了经济发展和绿色发展的有机结合。

7.成立城乡一体化综合配套改革试点特色产业发展领导小组

市委常委、宣传部任组长,仙人渡镇党委书记任常务副组长,仙人渡镇镇长任副组长,镇直相关部门负责人任小组成员,负责指导、协调全镇城乡一体化综合配套改革试点特色产业发展工作。领导小组下设办公室,承担推进全镇城乡一体化综合配套改革试点特色产业发展的日常工作。

8.建立"双结合式"的检查督办工作机制

从市直有关部门抽调精兵强将,采取定期和不定期相结合、明察与暗访相结合的方式进行检查督办,将每次检查结果予以通报并在老河口网站、电视台等媒体进行公布。

9.构建"三子联动"的基层动员机制

编段子,用群众的语言引导群众,让群众喜欢听、听得懂、记得住;搭台子,通过建立"农情站"、成立"服务社"、创办"大讲堂",搭建联系群众、服务群众的桥梁和纽带;做样子,为群众做好榜样,让党员干部说话有人听、办事有人应、群众能认可。以上9条措施的集成表现和绩效评估如表2-2所示。

表2-2　湖北省仙人渡镇集成改革措施的集成表现和绩效评估

措施	集成表现	绩效评估
党员积分管理制	人员集成	发挥了党员带头示范作用
农村集体资产管理机制	资金集成	资产管理制度化、信息化、规范化
妇联干部动员机制	人员集成	发挥了妇女干部的宣传动员作用
农村土地承包仲裁工作机制	组织集成	创立了土地纠纷解决机制
征收专班工作机制	组织、人员集成	解决了土地制度改革中的难点问题
全国新型工业化示范基地构建	产业集成	实现了特色三产的良性互动
产业发展领导小组工作机制	组织、人员集成	建立专门的组织机构,灵活办公
检查督办工作机制	无	验收改革成效,发现问题解决问题
基层动员机制	无	用群众方式引导群众,减少阻力
注:未体现的均用"无"表示		

(三)仙人渡镇集成改革的经验总结

仙人渡镇作为集成推进城乡综合改革的典型代表,本身具有良好的基础和条件,在改革中也提出了不少可供其他地区借鉴和吸收的宝贵经验。我们在分析了该镇具体的改革措施之后,现对其经验进行总结和简单的介绍。

1.强化原则指引,灵活思维,明确方向是先导

集成改革中的原则是改革指导思想的体现,决定了改革方向。在仙人渡镇的集成改革中,始终坚持特色发展原则:特色第一产业,特色第二产业,特色第三产业;创新原则:思维创新,制度创新,组织创新;绿色原则:绿色产业,绿色经济,绿色家园。

2.强化产业互动,特色变革,循环发展是支撑

产业是改革中起支撑作用的元素,是改革的起点和突破点。在仙人渡镇

的集成改革中,一直强调产业在改革中支撑性地位,尤其表现在"三三围绕"中。

3.强化制度创新,应需而动,功能互补是保障

制度的创新和集成是集成改革的制度保障,为改革提供了详细的制度框架。在仙人渡镇的集成改革中,体现出了以下几项制度创新:(1)党员积分管理机制创新。(2)"三资三化"资产管理机制创新。(3)土地仲裁机制创新。(4)征收专班机制创新。(5)产业发展小组组织机构创新。(6)"双结合式"的监督检查机制创新。

4.强化人员激励,赏罚分明,干群协作是关键

人力资源是一项改革的要素,更是改革的动力和资本,建立一套赏罚分明、上下联动的人员激励机制有着重要的意义。在仙人渡镇的集成改革中,形成了一套能够动员男女老少,各级各等的激励机制,比如:巧用"半边天",妇联女干部下基层;推动党员示范带头;"王运福工作法",等等。

5.强化视角转换,镇做中轴,市县补充是基调

在集成改革中,改革的重心和中心定位十分重要,示范镇的建设以镇为中心,强调制度的需求导向,做到应需而动,功能互补。在仙人渡镇的集成改革中,一切以镇为中心,打破了传统的动员式、指令性的改革模式,以镇来做中轴,以镇的需求为导向,需要什么供给什么,市县镇实现了功能的互补。

三、重庆市燕坝社区集成推进统筹城乡综合改革现状

(一)燕坝社区集成改革的背景

重庆市燕坝社区位于江津区龙华镇沿长江上游,江津城西南部35公里处该区交通区位优势明显,刁家至燕坝干线公路穿境而过,区内机耕道密布,十分有利于农产品的流通和项目区农业产业化的推进。农业产业优势明显,该区域自古就有种植柑橘的传统习惯,柑橘种植历史长,农民的种植经验丰富,群众自愿开发的积极性高,镇村社干部工作能力强,有柑橘专业合作社承担产业发展任务;该片区区位优势明显,水源充足,交通方便,距重庆恒河果业有限公司的鲜果加工厂也只有12公里。

自2011年起,燕坝村成为重庆市统筹城乡示范点之一,按照"农民集中居

住、土地集中经营、产业集中发展,村集体和农民个人收入不断增加"的统筹城乡改革发展思路,以农村土地整治、农村建设用地复垦、巴渝新居建设、现代农业产业培育"四位一体"为主要内容的国土综合整治整村推进的燕坝巴渝新居工程(首期)348套住房已全部完工,配套建设的村级公共服务中心、幼儿园、公厕、垃圾处理等公益设施出已基本建成。先后获得"全国村级土地规划编制示范村"、"国家村镇住宅土地利用分区管制技术研究综合示范点"、"重庆市城乡统筹示范点"、"十佳农民新村"等荣誉,是重庆市国土房管局确定的整村推进国土整治共建示范村,"重庆农民新村示范点-燕坝新村",被推荐上报为重庆市百强村。

图 2-4　重庆市燕坝村统筹城乡改革新貌

(二)燕坝社区集成改革的主要做法

重庆市燕坝村自成为示范点以来,始终坚持念好"抓、凝、促、重"四字经,不断响应江津区"三分促三改"的号召,(政经分开、资地分开、户产分开和股改、地改、户改。目的是促进要素的市场化配置和流转,是统筹城乡综合改革的核心,是农村生产关系和社会关系的重大变革,对彻底破除城乡二元结构、统筹城乡发展、加快推进新型城市化,具有重大而深远的意义)通过"农村土地分区""居民点基于文化单元的调整"等前期工作推进统筹城乡工作开展。

1. 土地规模集中经营,为产业发展提供基础

按照统筹规划、依法自愿、合理收益的原则,推进农民承包地、林地的集中规模经营。通过建立目标任务、依托专业合作社等流转方式,一是深入推进户籍制度改革和农村产权制度改革,实现农村产业经营的企业化、农村产权要素的资本化;二是探索提出建立宅基地退出与利用、承包地退出与利用等5大高

效运行机制;三是探索运行"村企合一"模式,成立村集体经济组织,促进广大农民以地入股、以股换租、以股换钱、按股分红,采取流转、承包、租赁等方式加快土地向经营大户集中。全村已流转土地8500余亩,流转率达80%。① 10余家科技含量、资本雄厚的农业企业入驻该村。让当地村民成为"四金"农民(通过打工获得薪金,通过股改拥有股金,通过土改拥有租金,通过户改拥有保障金),广大农民的生活得到了可持续保障。

2. 特色产业集中发展,为集成改革奠定经济基础

该村按照产业集中连片建设的思路,以发展晚熟柑橘、特色水产养殖、无公害蔬菜为主导,突出改土建园、设施配套、标准化建设等提升现代农业特征,发展优质晚熟柑橘6000亩,建特色蔬菜基地1000亩,特色水产养殖200亩,②成功实现了从传统农业向规模化、标准化的现代农业转型。

3. 引导农民集中居住,改变农民原有生产生活方式

自2011年起,燕坝村成为重庆市统筹城乡示范点之一,按照"农民集中居住、土地集中经营、产业集中发展,村集体和农民个人收入不断增加"的统筹城乡改革发展思路,以农村土地整治、农村建设用地复垦、巴渝新居建设、现代农业产业培育"四位一体"为主要内容的国土综合整治整村推进的燕坝巴渝新居工程(首期)348套住房已全部完工,燕坝巴渝新居实现了"六通"(通路、通天然气、通电、通自来水、通广播电视和宽带)"七有"(有一个农贸市场、一个污水处理厂、一个医务室、一个垃圾收运站、一个农家书屋、一个幼儿园、一个体育活动场),广大农民的生活方式因此得到了质的变化。

4. 积极引导农村集体资产自我管理,创新基层治理机制

目前,该村已新成立"重庆市江津区燕坝村集体资产经营管理有限公司"、"重庆市江津区山腾土地股份合作社"、"重庆市财燎蔬菜种植股份合作社"等经济实体,深化推进"三分促三改"乡村治理结构改革试点示范。村民每年还有一定的股金收入。建立区、镇、村三级联动制度;成立了村改革领导小组、筹备委员会、民主理财监督委员会等机构,

---

① 资料来源于访谈所得。
② 资料来源于访谈所得。

5. 强化领导抓落实,构建科学的组织机制

在区统筹办的精心指导下,镇党委政府的坚强领导下,燕坝村党委牵头,村民委员会执行,按照"选好一套班子、画好一张图子、定好一个案子"的要求,集中力量做好统筹城乡工作。一是科学界定。坚持"依据法律、遵循政策、群众自愿、公平合理"的原则,充分发挥群众主体地位,合理制定工作方案,确定机构名称、性质、股权设置、股权界定、管理与收益分配原则、组织机构设置等,突出"前瞻性、科学性、可行性"。二是明确职责。健全村党委书记总抓、村党委副书记具体抓的责任制,确保工作有序推进。三是倒排进度。认真编制工作方案和实施方案、工作日程安排表和村"三个大厅"装修、村集体"三资"清理、村集体公司组建、土地股份合作社操作流程表,倒排时间,严格按照进度开展股改、土改、户改工作。

6. 深化宣传凝合力,将村民纳入到统筹城乡管理工作中来

为能充分发挥群众主体地位,该村把加大宣传作为重要突破口,消除疑虑,广泛动员,争取广大村民支持参与。一是广泛动员形成共识。多次组织村干部、党员代表、群众代表学习讨论"统筹城乡"重要意义,领悟上级指示精神,提高村干部参与这项工作积极性。二是深入群众消除顾虑。组织召开村民代表会、群众座谈会、民情恳谈会、院坝会20多场次,走访群众1300余户,①通过面对面谈心谈工作,把政策宣传到位,消除村民思想顾虑。三是组织考察吸取经验。分批组织村干部、党员和部分群众代表赴成都考察学习,研究借鉴先进经验。

7. 严格把关促规范,结合本地实践更新政策

该村在推进"政经分离促股改、包营分开促土改"过程中,严格按照《中华人民共和国村民委员会组织法》《中华人民共和国公司法》《中华人民共和国农民专业合作社法》和《重庆市农村集体资产管理条例》《重庆市实施〈中华人民共和国农民专业合作社法〉办法》及国发3号、市统筹7号、区统筹领4号等关于统筹城乡综合配套改革试验文件规定,依法制定了村规民约与集体资产经营管理公司和土地股份合作章程,召开村民代表大会表决产生第一届股东代表大会。选出股东代表50名。

---

① 资料来源于访谈得。

8.产业互动解难题,为集成改革注入活力

近年来该村先后吸引了德国亨嘉(重庆)农业发展有限公司、香港(重庆)瑞恩农业开发有限公司、重庆永旺养殖邮件有限公司等13家企业入驻。目前,该村万亩的燕坝蔬菜基地已初具规模,并被命名为重庆市无公害蔬菜基地,5000多亩的高标准果园也完成建设,并建立起来集生产、加工、储藏、销售为一体的万亩蔬菜基地和万亩晚熟柑橘基地,形成了集休闲观光、都市旅游、果实采摘、餐饮娱乐为一体的现代观光农业观光园区。农民可以就近务工,增加了农民收入,解决了闲散人口就业问题。

重庆市燕坝村在推进统筹城乡方面表现极其突出,成为远近闻名的美丽乡村,农民生活生产方式的改变,提高了农民的生活水平和收入水平,但在推进的工作中依然存在一些问题。

土地流转出去后存在土地荒废、闲置的问题。企业通过与农民所在的合作社签订合约租赁土地,但由于后期资金链断裂、经营问题导致不愿继续投入建设,土地因此便闲置下来。农村土地流转价格偏低,农民权益得不到保障。土地流转价格没有明确标准,全镇各村各企业流转价格都不一致,导致企业和农户的矛盾。经调查计算,燕坝村每季每亩平均收益约600元,按每年两季计算则每亩年平均收益约1200元,燕坝村农地流转合同中规定以水田每亩每年300 kg稻谷、旱地每亩每年200 kg稻谷租金标准出租承包土地,按当年8月31日本地粮站公布中等稻谷国家收购牌价折算成现金支付,①该租金显然要低于农户自种收益。资金问题,重庆市燕坝村统筹城乡工作主要资金来源为政府拨款,本地财政收入不多,资金的使用有时会面临短缺的局面。闲置人口就业疲软问题。在土地流转出去集中经营后,部分农民拿着政府补给的钱游手好闲,不去工作,如何劝说这部分人去就业,保证他们基本生活水平,为社会保障减轻压力是我们的一大难

(三)燕坝社区集成改革的经验总结

1.创新土地产权制度改革的"地票制度"

2008年,重庆报经中央同意,成立农村土地交易所,启动了地票交易试

---

① 资料来源于访谈所得。

点。将农村闲置的宅基地及其附属设施用地、乡镇企业用地、公共设施用地等集体建设用地复垦为耕地,无疑会盘活农村建设用地存量,增加耕地数量。按照我国土地用途管制制度和城乡建设用地增减挂钩、耕地占补平衡的要求,增加的耕地数量就可以作为国家建设用地新增的指标。这个指标除优先保障农村建设发展外,节余部分就形成了地票。按照增减挂钩政策,地票与国家下达的年度新增建设用地指标具有相同功能。通过交易,获得地票者就可以在重庆市域内,申请将符合城乡总体规划和土地利用规划的农用地,征转为国有建设用地,该项制度具有诸多优点。

一是有利于耕地保护。地票运行按照"先造地、后用地"的程序,以复垦补充耕地作为城市建设占用耕地的硬性前置条件,体现为盘活建设用地存量,更有利于落实耕地占补平衡制度。重庆农村闲置建设用地复垦后,95%以上面积可转变为耕地,而地票使用所占耕地仅占63%左右,地票落地后平均可"节余"32%的耕地,[1]使得重庆在城镇化推进过程中,耕地数量不降反增。为避免出现"占优补劣"现象,我们实施补充耕地等级折算、地力培肥等方式加以弥补。重庆正在细化农村建设用地复垦工程质量标准,进一步明确农用地分等定级和产能核算标准,建立地票生成与落地过程中数量和质量的对应关系,更好地保障补充耕地的数量和质量。

二是打通了城乡建设用地市场化配置的渠道。地票制度设计运用城乡建设用地增减挂钩原理,但突破了现行挂钩项目"拆旧区"和"建新区"在县域内点对点的挂钩方式,采用"跨区县、指标对指标"的模式,实现城乡建设用地指标远距离、大范围的空间置换。通过置换,再经过平台交易,市场的价值发现功能发挥作用,就抹平了城乡建设用地的价值差异,显化了边远地区农村零星分散集体建设用地的资产价值,让"千里之外"的农民分享到大都市工业化、城镇化进程的红利。

三是开辟了反哺"三农"的新渠道。复垦宅基地生成的地票,扣除必要成本后,价款按15∶85的比例分配给集体经济组织和农户。这一制度安排,在实践中发挥了"以一拖三"的功效:一是增加了农民收入渠道。重庆农村户均

---

[1]　《财政预算民生投入增加41亿》,《成都日报》2015年3月14日。

宅基地 0.7 亩,通过地票交易,农户能一次性获得 10 万元左右的净收益,①对他们而言,是一笔很大的财产性收入。复垦形成的耕地归集体所有,仍交由农民耕种,每年也有上千元的收成。二是推进新农村建设。近几年,重庆能够完成数十万户农村危旧房改造和高山生态移民扶贫搬迁,就得益于此。三是缓解"三农"融资难题。地票作为有价证券,还可用作融资质押物,并为农房贷款的资产抵押评估提供现实参照系。截至目前,重庆办理农村集体建设用地复垦项目收益权质押贷款 118.79 亿元,四年增长了 20 多倍。②

四是推动了农业转移人口融入城市。近年来,重庆累计有 409 万农民转户进城,其中相当一部分自愿提出退出宅基地,成为地票的重要来源。农民每户 10 万元左右的地票收益,相当于进城农民工的"安家费"。③ 有了这笔钱,他们的养老、住房、医疗、子女教育及家具购置等问题,都能得到很好的解决。这样,他们就能更好地融入城市生活。

五是优化了国土空间开发格局。目前,重庆已交易的地票,70% 以上来源于渝东北、渝东南地区,这两个区域在发展中承担着生态涵养和生态保护的功能,发展导向是引导超载人口转移,实现"面上保护、点上开发"。而地票的使用,95% 以上落在了承担人口、产业集聚功能的主城及周边地区。这种资源配置,符合"产业跟着功能定位走、人口跟着产业走、建设用地跟着人口和产业走"的区域功能开发理念,有利于推进区域发展差异化、资源利用最优化和整体功能最大化。

2. 创新农民集中居住点的"基于文化单元选择"制度

传统乡村住宅的建设大多是村民自己完成,他们有着自己独特的建造方式,顺应地形、与山水格局相融合,很多住宅拥有较为久远的历史,其中不乏文化的瑰宝。但是,在这场轰轰烈烈的"消灭贫困落后农村"的运动中,它们被

---

① 《成都建设"小组微生"新农村综合体 123 个》,http://www.sohu.com/a/69890626_120237/2016-04-18。

② 《成都建设"小组微生"新农村综合体 123 个》,http://www.sohu.com/a/69890626_120237/2016-04-18。

③ 《成都在 15 个副省级城市中教育发展指数排名第一》,四川新闻网,http://edu.newssc.org/system/20171018/002290280.htm。

摧毁或者遗弃在深山。新建的所谓"新农村"住宅,大多采用的是设计好的模板,大面积修建整齐划一的住宅,或者青杠树村修无数座徽派风格的民居。而农民真正需要的是适合自己生活生产的住宅。乡村文化遭到一定程度的破坏。农村居民点调整与村域自然条件关系不大,与村内经济、社会和文化的分异关系密切。村级农村居民点调整应更多采用全过程公众参与的方法,充分尊重村民意愿和乡村文脉。不仅仅是在完成调整结果后和村民进行沟通,同时充分选择利益相关者,比如入驻的农业企业等;建立科学合理、方便快捷、最大程度上保护乡村文化的农村居民点。

3.创新探索集成改革中的"三分促三改"制度

"三分促三改"是指"政经分离促股改、包营分开促土改、住产分置促户改"从而全面明晰农村产权,促进村民身份权向财产权转变,增加农民的财产性收入,引导村民抱团合作发展,让更多的劳动力向二三产业转移增加薪金,通过股改让村民拥有股金,通过土改让村民拥有租金,通过户改让村民拥有保障金,真正做到增加村集体经济和农民个人收入。

四、福建省古田镇集成推进统筹城乡综合改革现状

(一)古田镇集成改革的背景

古田镇位于上杭县东北部,地处上杭、连城、新罗三县(区)结合部梅花山南麓(东与步云乡毗邻,南与新罗区小池镇相连,西与蛟洋乡接壤,北与连城庙前镇搭界),辖区面积227平方公里。下辖21个行政村、142个村民小组,有1个革命基点村和1个畲族村,总人口1.88万人。[①] 古田镇的发展优势主要包括三方面:一是人文积淀深厚。古田是全国著名的革命圣地,红色旅游资源十分丰富,包括著名的国家重点文物保护单位——古田会议旧址,国家级爱国主义教育示范基地——古田会议纪念馆,另外,协成店、松荫堂、中兴堂、苏家坡树槐堂、"主席洞"、红军哨所、红军桥、红军井等在中国革命史册上具有重要价值的遗址文物;位于福建省西南部,地处汀江中游,是客家文化的重要发源地之一。二是区位优势明显。古田镇交通便利,319国道、赣龙铁路、龙

---

① 资料来源于百度百科。

长高速公路贯穿而过,距离冠豸山机场仅 40 公里,使得古田镇与龙岩中心城市和厦门等沿海地区的联系更加便利,直接融入龙岩半小时、厦门两小时城市经济圈,是闽西、粤东、赣南的交通枢纽和重要的物资集散地。三是资源优势突出。古田镇地处国家 A 级自然保护区梅花山南麓,保存了良好的原生态环境,自然景观荟萃,"绿色"旅游资源也十分丰富。区域内竹木生态资源较为丰富,产出红菇、灵芝等驰名特产。凭借"古田会议"深厚的人文积淀,结合革命传统教育,该镇开设"中国古田红军园",在加强古田会议会址群保护的同时,传承红色文化的"红色旅游";依托华南虎现存数量最多、活动最频繁的自然区域——梅花山自然保护区突出的资源优势,以及境内冬无严寒、夏无酷暑的自然环境,该镇以开发素有"动植物基因库"美称的梅花山自然保护区,保护珍贵的生物资源与物种为代表开展系列旅游项目的"绿色旅游"。先后获得全国科技进步先进县、全国双拥模范县、中国建筑之乡、国家现代农业示范区、全国十大"县域旅游之星"、古田镇中国特色景观旅游名镇、步云乡国家级生态乡镇、五龙村全国休闲农业与乡镇旅游示范点等 20 个国家级品牌和荣誉。古田镇明显的区位条件和突出的资源条件,具备了集成统筹改革的比较优势。

(二)古田镇集成改革的主要做法

古田镇在改革中的定位是以现代特色农业、新型工业、旅游服务业、基础设施建设为支撑,致力于把古田镇建成"红色圣地、生态名镇",最终实现促进经济发展、增加农民收入,强化公共服务、着力改善民生,加强社会管理、维护农村稳定,推进基层民主、促进农村和谐的目标,致力于提高古田镇经济社会综合发展度、农村农业发展度、城乡发展协调度,围绕这个目标,古田镇集成改革推出了一系列做法,主要体现在以下几个方面:

一是积极推动资金集成。古田镇在综合改革中通过财税支持、专项资金、金融改革、融资创新、财政改革等手段努力实现资金的集成,具体做法包括:(1)建立古田镇小城镇建设发展专项资金,专项用于试点小城镇建设。小城镇综合改革建设试点工作经费投入以县级财政投入为主。县级每年将在财政预算中安排一定专项资金支持古田镇建设和发展,重点支持古田镇的基础设施、公共服务设施和示范住宅小区等项目建设。(2)完善财政管理体制。对古田镇2010—2015年新增地方县级收入实行全留。(3)市级财政从2010年起至2012年,对古田镇基础设施建设贷款给予贴息,市、县财政各承担50%。(4)享受税收优惠,实行"一级政府一级财政",企业在古田镇从事国家重点扶持的公共基础设施项目和符合条件的环境保护、节能节水、高新技术项目,其投资经营所得,自项目取得第一笔生产经营收入所属纳税年度起,第一年至第三年免征企业所得税,第四年至第六年减半征收企业所得税。按县级收入等额拨补前三年所取得的建筑安装业收入应缴纳的营业税。(5)新入驻古田镇的大型商贸企业,自营业当年度起,其交纳的房产税、城镇土地使用税及企业所得税地方分成部分按收入级次三年内予以全额拨补。新入驻古田镇的金融保险企业,自营业当年度起,其缴纳的房产税、城镇土地使用税按县级收入三年内予以等额拨补。(6)继续支持古田新农村建设综合推进实验区。县财在安排项目、资金时优先考虑古田镇,向古田镇倾斜。(7)继续支持古田镇开展"三农"保险示范区试点工作。(8)建立扶持和激励机制,通过财政投入、银行贷款、引进投资主体等办法,按照公司化运作模式,多渠道筹措古田镇建设资金。(9)成立上杭县古田镇开发建设公司(国有独资公司),专门负责古田镇小城镇的融资、土地开发和公共基础设施建设,吸引更多的银行贷款投入小城镇建设。支持和引导民间资本参与试点镇建设,鼓励采用BOT、BT、项目融资、经营权转让等形式建设基础设施和公共服务设施。(10)古田镇建设用地的土地出让金,扣除出让成本及国家、省相关政策规定必须保证的支出外,全额用于古田镇的发展,优先支持基础设施建设。古田镇征收的城市维护建设税、基础设施配套费、污水垃圾处理费等税费,全部用于古田镇基础设施建设、维护和管理。(11)鼓励银行业金融机构在古田镇新吸收存款主要用于当地发放贷款。加快推进金融产品和服务方式创新,不断扩大有效担保物范围。支持古田镇发展多元化融资担保机构,积极推进金融机构与专业合作组织等中介机构合作。继续探索开展政策性农业保险工作。(12)支持古田镇发展新型农村金融组织,扎实做好信贷工作,加大对自住型住房消费的信贷支持力度,鼓励普通商品住房消费。

二是大力推动组织集成。在组织上,成立上杭县古田镇综合改革建设试点工作领导小组,由县委书记赖继秋任组长,由县委副书记、县政府县长邱河清任常务副组长,由县委副书记林英健、县委科技副书记郭青海、县委副书记林旭、县委常委、市派驻村干部领队卢桢模、县委常委、县政府常务副县长陈学良、县政府副县长阙春林、梁八生、温能全及县政府副调研员、古田镇党委书记张毓章任副组长,成员由古田镇和县直有关部门主要负责人组成,领导小组下设规划管理、征地拆迁、项目建设、旅游管理、资金筹措等五个工作组,具体负责各项工作的实施,领导小组下设办公室,办公室主任由林旭同志兼任,张毓章同志任常务副主任,龚东勇同志、袁元勤同志任副主任。在规划指导方面,由规划、建设部门安排专门人员并聘请有经验专家,组成规划编制成果技术审查专家组,指导古田镇编制集镇建设总体规划和近期实施区域控制性详规、重点地段修建规划设计工作等,发改、环保、国土等相关部门负责指导古田镇编制相关专项规划。在项目建设方面,将全县职能部门集成综合作用于古田试点镇的重点项目建设,组织集成贯穿改革规划与建设全过程。

三是加快推动政策集成。强化政策支持可以为集成推进城乡统筹改革提供根本的保障措施,古田镇的政策集成包括以下几个方面:一是注重研究和贯彻落实《国务院关于支持福建省加快建设海峡西岸经济区的若干意见》、原中央苏区县享受西部政策和中央鼓励东部地区率先发展的政策,用足用好用活中央各部门的扶持政策。二是认真研究和运用好省、市先后出台的一系列城乡建设综合改革建设试点的优惠政策,做到主动跟踪、抓紧落实。三是实行"三集中、三置换"即土地向规模承包大户集中、工业向园区集中、人口向城镇集中,土地承包权换城镇社保、宅基地换套房、农民换居民。对"农房两改"的村庄,新村用地面积与旧村占地面积按"增减挂钩"办法实行占补平衡政策。四是制订出台我县城乡建设综合改革建设试点的相关政策,积极推进综合改革建设试点工作。五管理服务方面,各级政府对符合国家产业政策和省产业发展导向、符合城镇总体规划和产业布局的项目实行特事特办,对试点镇发展项目提供绿色审批通道。六委托资质单位设计《上杭县休闲农业与乡村旅游发展规划》《才溪镇核心景区修建性详细规划》《古绞新区旅游业总体规划及重点地块的详细规划》《禅茶一味——清源山茶园景观规划方案》等相关规划设计,启动实施古田会议会址创国家5A级旅游区、梅花山中国虎园生态旅游区创国家4A旅游景区、才溪红色景区创国家4A旅游景区,以更高的起点勾画乡村发展蓝图。

四是推动制度集成。制度集成放活基层,古田镇坚持解放思想,先行先试,不断推进体制机制改革创新,为古田镇加快发展注入动力和活力,提供强有力的保障,具体做法包括:

1. 下放行政管理权限。按照"小政府、大服务"的要求,推进行政管理体制改革,县直相关职能部门可通过委托、授权、机构延伸等方式赋予小城镇更大的经济社会管理权限。积极争取成立有关分局,赋予县级管理职能,如财政税务分局、国土资源管理分局、公安分局、工商分局、规划建设分局等。通过"下放事权、扩大财权",激发政府"为民建镇"的积极性。

2. 推进机构编制改革。认真研究和推进与集成综合改革建设试点相适应的机构编制管理体制,重点是配合扩权改革,下放部分行政审批权,积极探索建立综合执法新机制。同时,实施人员编制优先倾斜制度,适度增加古田镇专项事业编制,以乡镇为主,招聘有特殊专业才能的优秀大学毕业生充实到古田镇一线。

3. 深化投融资体制改革。鼓励古田镇通过 BOT、BT、项目融资、经营权转让等方式,吸引社会资金参与公共基础设施和公共服务领域的建设和经营。积极探索部分公用设施逐步实行有偿使用制度。鼓励通过拍卖公共设施、公共场所、大型文化体育活动的冠名权等形式,增加古田镇建设资金来源。

4. 推进土地管理制度改革。要管住总量、严控增量、盘活存量,提高土地利用效率。加快推进土地确权登记颁证。支持试点镇加快土地流转服务体系建设,鼓励有条件的试点镇探索"农村土地转化为股权、农民房产转化为资产"的办法,以承包地换股、换租、换保障,以宅基地换钱、换房、换地方。

5. 强化考核制度。加大对试点工作的指导、协调、督促和检查力度,按照省委省政府关于小城镇综合改革建设试点的有关要求,建立考核评价长效机制。各部门领导小组下设各专业组,要会同古田镇根据本方案制定具体实施方案,切实加快推进古田镇小城镇建设。鼓励先行先试,在全县树立试点镇建设的改革创新典型,对在综合改革建设试点工作中表现突出的给予表彰,并作为干部提拔使用的重要依据。

五是推动产业集成。古田镇在综合改革试点镇确立以来,实现了大范围的产业集成:

1. 发展"工业带头型"产业。加快郭车工业集中区建设,打造工业发展平台,产业结构由单一建材、水电调整为建材、化工、竹木制品、矿产、水电和农副产品加工等多元化结构,现有各类企业 130 余家,规模以上工业企业13 家。

2. 发展"农业主导型"产业。加快发展闽台农业及米兰春天超市蔬菜供应基地建设,建立反季节蔬菜基地 7300 亩、优质茶叶基地 600 亩、毛竹基地 7万亩、绿化苗木基地 200 亩、闽台农业花卉基地 600 亩、米兰春天集团蔬菜基地 200 亩,建立土地流转规模经营示范片 20 个面积 8000 亩。①

3. 发展"旅游商贸型"产业。依托"国家 5A 级旅游景区"和"历史文化名镇"品牌优势,发展红色旅游、生态旅游、美食旅游、民俗风情旅游等项目,现发展"农家乐"旅游接待点 9 家。

其中旅游产业是古田镇最大的特色产业和优势产业,其特色旅游产业的开发具备得天独厚的条件,古田镇通过红色景区、生态观光区及旅游度假区等三大旅游功能片区的开发以及特色生态农业的发展,强化产业支撑,加速农村劳动力向二、三产业转移,2015 年开始,古田镇大力发展"三型"产业,围绕着"生态立镇、旅游活镇"的发展战略,以建好"红色圣地、生态古田"为目标,以特色农业、旅游服务业、基础设施建设为支撑,古田镇优化城镇空间布局结构,规划形成"一核(即古田中心镇区位核心)、一轴(即为依托沿线人文资源和生态资源的东西向综合发展轴,东北至步云乡,西连绞洋乡)、三区(以镇区为中心的,作为镇域行政、文化、商贸、旅游服务主要功能的中心片区;依托交通优势及相邻蛟洋工业区的区位优势,作为居住、商贸和交通枢纽的郭车片区;主要发展农产品加工业、物流业及贸易的芒园片区)",通过产业发展集成实现三产联动,着力推进新农村综合实验区建设。

---

① 资料来源于调研所得。

（三）古田镇集成改革的经验总结

产业的创新与集成是城乡统筹改革的动力机制和根本基础,为城乡统筹和农村发展提供了源源不断的发展动力,产业的发展是集成推进城乡统筹改革过程中必须面对和解决的首要核心问题。福建省上杭古田镇从 2010 年以来便被确定为福建省小城镇建设综合改革试点地区,依靠得天独厚的自然优势和人文优势,其产业发展取得的成果在全国城乡统筹建设中较为突出,以产业集成推动城乡统筹的创新经验值得借鉴。

1. 明确产业发展定位,强化示范建设

以现代特色农业、新型工业、旅游服务业、基础设施建设为支撑,致力于把古田镇建成"红色圣地、生态名镇"。以建设"红色圣地·生态古田"为发展目标,以旅游服务业、文化教育培训产业、房地产业、特色农业为支撑,将古田融入龙岩中心城市圈,建设成为著名的革命圣地、历史文化名镇、知名旅游目的地,打造成为县域次中心城市,成为联结城与乡、辐射带动周边乡镇发展的卫星城。

2. 创新产业发展模式,推动改革示范

一是做大旅游产业。旅游产业是古田镇最大的特色产业,也是优势产业,整合以古田会议会址为代表的红色旅游资源和梅花山、红豆杉生态旅游资源,形成完善的古田旅游线路体系。规划建设红色景区、生态观光区及旅游度假区等三大旅游功能片区。把古田镇打造成著名的革命圣地、中国历史文化名镇、中国知名的旅游目的地、国家 5A 级旅游风景区,同时做强做大乡村旅游。做活现有农家乐旅游的经营文章,并按照试点先行,以点带面的原则,新培育30 家以上的农家乐旅游接待点。近期重点抓好古田客家风情街、中央苏区红色电影城(中央苏区公园)等项目建设,开发丰富多样的旅游产品(纪念品),加速农村劳动力向第二、三产业转移,使旅游业成为古田镇"城镇综合改革"建设经济主要增长点。力争到 2020 年,全年接待游客 600 万人次,实现旅游总收入 30 亿元。①

二是发展生态型工业。依托蛟洋工业集中区辐射,对郭车片区和芎园片区现有工业企业进行改造和升级,对无法改造和升级的工业企业,分阶段进行

---

① 资料来源于调研所得。

拆除,重点发展无污染生态型工业项目。

三是发展生态观光农业。按照"观赏性、科普性、参与性、趣味性"要求,全镇规划种植花卉、林业绿化苗木、蔬菜、水稻(油菜)、改造毛竹林,形成四个现代农业观光区。按国家级现代农业示范园项目要求建设古田镇现代农业示范园。一是规划建设花卉观光园区,扶持种植 1000 亩以上大花蕙兰、蝴蝶兰、建兰、樱花、铁皮石斛等为主的花卉苗木观光基地。二是建设现代设施农业区,形成3000 亩无公害蔬菜生产基地。三是田园风貌观光区。重点打造古田会址周边及古田大道沿线 1500 亩观光区。到 2020 年,实现农业总产值 15 亿元。①

四是发展现代服务业。充分发挥旅游业的带动效应,整合旅游六要素资源的开发,发展商贸服务业,吸引外资和民间资金投向酒店、休闲、娱乐、大型超市等项目建设,开发百家以上旅游产品和旅游商店,形成购物一条街,不断满足游客需求,加快古田镇农贸超市建设步伐,积极提升市场管理水平,实现传统业态与现代业态"优势互补";物流产业要依托龙长高速公路古田互通和赣龙复线铁路上杭北站,规划建设高效率的物流园区,力争到 2020 年实现物流产业产值 10 亿元;重点抓好党校搬迁等项目建设;社区服务业要引导和鼓励家政服务业、心理咨询、职业介绍、数字家庭等新兴便民服务业的发展,拓宽社区服务业领域,并有效扩展劳动就业渠道,逐步实现行政、企业、事业单位后勤服务及家庭服务的社会化。养生养老业要将老年人当作照顾的对象,更重要的是充分发掘老年人的内在养生需求,建立老年人养生养老服务体系。重点抓好金古田养生养老基地、敬老院等项目建设;金融服务业要着力创新机制,充分发挥古田村镇银行作用,鼓励金融机构设立营业网点。力争到 2020年入驻各类金融网点 10 家,实现存款余额 30 亿元、贷款 20 亿元。②

五是培育发展房地产业。按照统筹规划、综合开发、配套建设的要求,严格控制个人建房审批,因地制宜、循序渐进地推进房地产开发,在核心区、重点景区以外,适当调整建筑高度,便于商品房建设,积极培育和发展房地产市场,加大养老、旅游地产的建设力度,鼓励并吸引镇区和镇域

---

① 资料来源于调研所得。
② 资料来源于调研所得。

外居民以及在外乡亲购买居住,适当发展旅游地产,吸引"候鸟"式旅游群体。

3.提升产业发展保障措施,集成推进改革

一是坚持规划先行,以规划集成各种要素,优化资源配置,合理谋划空间布局,注重发挥优势和突出特色,处理好各要素间关系,提升总体规划、加快专项规划编制,打造城市产业发展新平台,对 2015 年 6 月底前确定和报批从 2015 至 2020 年兴建的重点项目,建立项目工作推进机制,通过项目推介会、招商会,主动对接引进项目和资金,引进央企和外商投资,健全"责任落实、现场协调、跟踪督办"的项目建设协调推进机制,集中全力谋划、引进、建设一大批重点项目。二是注重各部门统一领导、协调联动,在制定规划、出台政策、资金投入、配套建设等方面,各项目有关部门根据各自职责,制定相应的支持政策措施,大力推进古田镇"城镇综合改革"建设,形成条块联动、协调推进的工作机制。三是强化财税和融资支持,从 2015 年起,县政府每年安排 1500 万元以上的专项资金支持古田镇城镇建设综合改革建设;①古田镇的财政收入、土地出让纯收入、城乡建设用地增减挂钩项目挂拍资金原则上实行全留。古田镇征收的城市维护建设税、污水垃圾处理费、基础设施配套费等税费,全部用于古田镇基础设施建设、维护和管理。加强对古田镇的金融服务,加大对古田镇的信贷支持,支持古田镇小额贷款公司;完善古田镇金融服务。支持和引导民间资本参与古田镇建设。

以产业集成发展的经验借鉴为例,上杭古田镇集成各方资源进行城乡统筹改革实现了全镇的整体快速发展,经济实力有效提升、项目带动强劲有力、综合承载能力明显增强、政策效应逐步显现,土地整治与城乡建设用地增减挂钩、三旧改造、造福工程、规划建设管理等政策有效实施,专项资金扶持、土地转让收入留成、税费返还等措施基本落实到位,成都还深入探索了强镇扩权、合理配置公共资源、完善公共服务平台、强化综合执法和社会事务管理等方面的做法,大大调动了成都综合改革建设试点的积极性。

---

①　资料来源于调研所得。

第二节 集成推进统筹城乡综合改革的经验与特色

一、全国集成推进统筹城乡综合改革的经验

(一)注重改革上下互动,推动治理思维转向

集成是一个互动的改革过程,以制度集成为例,湖北省仙人渡镇从制度供给、制度集成、制度绩效三个方面形成了一个良性的循环,制度供给强调需求导向,以产业的发展需要作为制度供给的先决条件,实现制度的应需而动,同时也强调以镇为主要核心,尊重乡镇在集成改革中的制度需求,既有自上而下的制度推进,也有自下而上的制度回应,在改革中应倡导互动改革,以强化改革动力,杜绝指导性的、动员式的制度供给方式。

(二)着力关键领域顶层设计,坚持法律支撑引领

依法治理的理念在集成改革中依然具有绝对地位,在集成过程中难免出现制度与制度之间、组织与组织之间不断发生冲突、碰撞、互动和融合,尤其是不同组织在自利性意识驱动下导致冲突发生时,必然追根溯源至顶层设计,此时,唯有一个强有力的法律环境框架才能够避免专权行为的产生,才能够避免组织陷入因制度混乱而造成的陷阱,完善的法律支撑能够及时扭转紊乱的局面,促进整个集成改革体系健康有序的运行。

(三)重视内外界环境变化,推动制度与环境发展同步

真正实现集成的功能倍增,需要具备集成的手段,更要具备集成的思维,在各地的集成改革中都出现了很多复杂性问题,只有以集成思维和方法来分析、破解目前所面临的各种问题,整合系统内部和内外环境之间交互的叠加效应,例如在产业集成建设方面顺应时代和经济发展的要求,以经济和环境为核心,围绕三大产业构建绿色循环产业园,推进两化互动、三产联动,制度设计和与环境变迁相结合,实现了经济和生态的良性循环,推动了集成改革的可持续发展。

(四)凝聚改革成效,建立集成改革反馈机制

在积极响应改革要求的同时,有针对性的解决局部问题,做到集成改革问

题及时解决,不堆积,充分激发集成改革的活力。例如湖北省仙人渡镇完善了"土地纠纷仲裁机制",通过财政所和信访办的联合办公实现了组织的集成,整合了组织资源,为农村土地流转中出现的问题的解决提供了场所,为土地制度的改革清除了障碍,将改革的风险尽可能降到最低。

(五)立足改革本源,平衡改革价值导向

从集成改革供给的精准性、集成机制构建的理性化和集成绩效的单一回应性中可以明显看到效率的影子,过分重视制度集成的效率导致了对公平价值的追求不足,过分重视对经济发展的回应性而忽视了对民众生活水平改善的考量。公平价值的缺失不仅表现在制度的供给中,也表现在制度运行的过程中。究其原因是因为在价值导向上出现了偏差,从而导致了制度设置中缺少维护和体现公平价值的制度表现,继而在制度运行中即行为层面出现了歪曲。可以说这是一种出现在制度层面、行为层面的问题,但他更是悄无声息的掩埋在深处的价值问题。

总的来说,在集成城乡改革中,民众生活水平得到大幅提高、群众需求得到极大满足是集成改革的目标,产业发展水平极大提升、城乡治理可持续运行是集成改革的动力,各地在集成推进城乡统筹改革中一定要做到从产业发展和民众生活水平提高两个方面的需求出发,站在镇的角度进行集成要素的供给,并根据环境和政策的变化推动集成改革与变迁,并做到改革的效率和公平的兼顾。

二、全国集成推进统筹城乡综合改革的特色

(一)以项目申报为基础,以整镇为核心连片推进

以成都为例:成都作为全国统筹城乡综合配套改革试验区,在长期的创新性探索中,城乡差别不断缩小,城乡基本公共服务均等化程度明显改善。随着改革的不断深入,有必要集中试验改革举措,集成推广改革经验,促进统筹城乡改革发展由点向面、由浅向深的转变。自2013年以来,在成都统筹委的主导下,每年由各区(县)以项目为基础自行推荐集成改革示范点,以整镇为核心连片推进(如下表),通过"串珠成线、扩线成片"的理念,要求各区(县)推荐一批已经具有良好产业发展、改革创新实践和基础设施的乡镇连片示范、集

成改革。比如,新都区集成推进示范点的选择仅考虑交通便利、改革基础良好等因素,并没有在区内采取政策与资金的倾斜,以实现区内各乡镇均衡发展;而郫县则选取了产业基础较好、带动能力较好的农业乡镇为示范点,期待以工业乡镇对农业乡镇的带动和区内农业乡镇的均衡发展,实现三产联动、产村相融目标。

(二)以服务价值与能力在变革中重塑为手段,促进管理与技术在集成中创新

地方政府作为公共政策的执行机构,在特定领域具有一定的政策制定功能,但其核心职能是公共服务,其服务价值与能力主要来源于管理水平、工作人员技能、相关信息占有等方面。随着科学技术的快速发展,地方政府能把许多有形和无形的资源集成,从而发挥整体优势,提升区域经济发展软实力。各省份的城乡统筹改革试验不仅仅是为全国提供了多条值得借鉴的经验,还关键在于促进了城乡均等化发展和均等化公共服务的供给,近年来,基本公共服务供给不再停留在城乡与区(县)之间的均等化,而是更加注重均等化的质量提升。调研结果也表明了这一点,62%以上的受访者认为集成改革提升了公共事务的处理质量。由此可见,统筹城乡综合改革的相关部门的服务价值与能力在变革中不断重塑。从十多年的统筹城乡综合改革来看,管理部门非常注重运行机制与工作手册,侧重于技术层面的控制,比如土地确权的卫星定位技术、土地流转的操作手册等,然而统筹城乡综合改革不仅仅是改革工作的具体操作程序,更重要的是改革事项的台账管理、改革进程与成果巩固的管理,提供公众需求产品供给的管理等等。为此,各地的主管部门不断创新管理机制(如实施管理督导,定期召开片区会议,验收示范成果),再辅以管理技术创新,形成了推动管理变革的源动力。

(三)以产业集成为动力,促进基层组织管理职能在集成中创新

集成推进统筹城乡综合改革不仅是目标和制度的集成,还包括管理组织与管理机制的集成创新。大多数示范片和示范镇几乎都依托了一定的产业,通过产业的横向与纵向集成,弥补地理条件的劣势,带动周边区域同类产业持续集聚,正外部性显著。与此同时,产业集成后将使农村出现适应新的产业园区和经营模式的管理组织,基层组织将加入新型组织或不断创新现有管理机制以适应新形势。从典型案例区域的实践来看,统筹城乡综合改革的集成推进是以镇为单位的整体推进,它势必会打破现有的村与村、镇与镇之间的行政界限,在镇和区(县)内部分别形成合作治理关系,如花香果居跨越了新都区斑竹园镇的回南社区和檀木社区,而新繁镇的高院村又紧邻花香果居景区,两个镇的连片集成推进统筹城乡综合改革,既有资源和要素的互补,又保持了一定的独立性和竞争性;既有本地管理职能的不断增加、创新与集成,也有跨区域合作的治理流程再造,还有又与外部环境(包括制度环境、产业环境、政府行为)有效耦合。总之,集成改革复杂、动态的新局面,使基层组织不再履行单一的生产管理职能和政策执行功能,而是要在集成改革的多元目标中,其公共服务职能、社会治理职能、市场监管职能等综合管理职能等都必须要集成创新,才能有效促进各项集成要素、集成平台和集成对象集成支撑统筹城乡综合改革目标。

(四)以资金集成为重点,强化多元路径的投入保障

要推进统筹城乡综合改革示范建设,需要实现资金的集成,优化资金筹措与管理。为此,部分地区的统筹委和相应层级的发改委联合印发了《统筹城乡综合改革示范试点专项资金管理办法(试行)》,以规范和加强统筹城乡综合改革示范试点专项资金管理,提高资金使用效益。在该专项资金管理办法中,主要关注于如下三个方面:一是专项资金支持内容及方式;二是组织申报、审核及资金拨付;三是监督检查,进而实现示范建设专项资金的科学、规范管理。就统筹城乡综合改革资金集成而言,主要有三大来源(如图2-5):一是财政投入资金,具体包括统筹城乡专项资金、职能部门专项资金、村公资金等,其中统筹城乡专项资金主要由市委统筹委和市发改委根据示范镇(片)申请和建设情况进行共同管理;二是金融资金,示范镇(片)部分乡村成立了村级集体管理公司,向银行进行融资,此外还包括政府平台公司、项目业主等投融资主体;三是社会资金,主要包括项目业主投入资金、农民自筹资金等。近年来,为激发社会和民间投资活力,国务院相继印发了《关于创新重点领域投融资机制鼓励社会投资的指导意见》等相关文件,明确提出支持政府和社会资本合作发展的PPP模式,鼓励在公共服务领域推广政府和社会资本合作。各示范片力图通过汇集示范建设的"三大财源",多渠道筹集整合示范建设资金,实现示范建设资金构成由财政投入为主向财政、金融、社会资本联动转变,破解示范建设资金瓶颈。

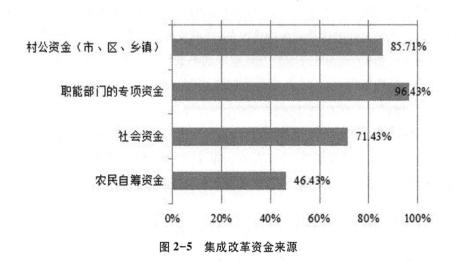

图 2-5　集成改革资金来源

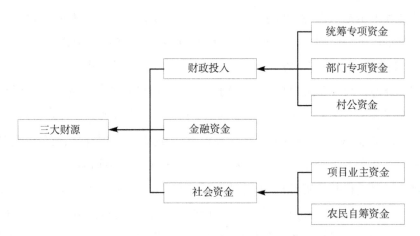

图 2-6　集成推进统筹城乡综合改革示范建设资金"三大财源"

第三节　集成改革存在的问题及原因分析

一、集成改革制度供需不匹配

科学地分析和掌握集成对象的需求是系统集成全部工作的基础。集成需求包括现在和将来的需求、集成对象明确表示需要的和潜在的需求、集成对象明确理解和未来发展需求等。作为集成推进统筹城乡综合改革的地方政府，必须要有能力，也有责任把这些多层次的需求集成到改革方案中，予以解决。无论是国家的战略要求，还是地方改革基础与现实发展需要，集成推进统筹城乡综合改革势在必行。

首先是观念问题导致基层干部和农民对集成改革的忽视。现有的集成改革属于自上而下的强制性改革，在改革初期缺乏基层干部和农民，以及其他利益相关者的需求调查，从而出现了课题组在调研中发现的问题，即很多乡镇干部不理解"集成"是什么，有的甚至还没有听说过，很多村干部也更加不理解。例如：

> 当对公兴街道的工作人员进行访谈时："请问您如何理解集成推进统筹城乡综合改革中的集成？"她："你们这个问题一点都不贴近现实，没有贴近农民的利益，集成改革是什么啊？我不知道"。

这一方面与区（县）的宣传不到位和乡镇干部改选有关。调研组调研的二十多个示范镇中，不到一半的乡镇将"集成推进统筹城乡综合改革"的内容和做法以展示板的形式宣传了出来；宣传内容包含目标定位、规划理念、规划布局、城镇建设、执行监督体系和监督机制，因此在访谈过程中这部分乡镇政府工作人员对于"集成"的理解也更加清晰，这也直接说明，由于宣传的不到位很大程度上导致了政府工作人员对于集成理解的偏差。

但另一方面也与他们的惯性思维有关，认为改革与创新、资源的整合与共享等是政府应该思考与谋划的事情，是"你要我示范"不是"我要示范"，与"我"无关。这就导致许多基层干部把"集成推进统筹城乡综合改革示范建设"等同于"三农问题"，课题组在访谈中也发现，他们在讨论集成改革时，多数是讲他们做了什么事情,或者把本镇(村)已有各项改革与创新中的某一项或某几项单独汇报(如图 2-7),其中农村产权制度改革、新型农业经营体系和村给公共服务与

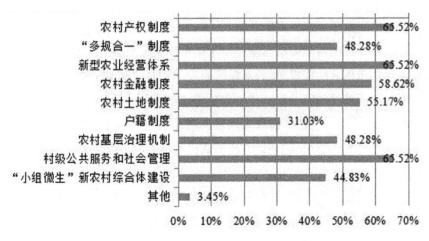

图 2-7　最为关心的改革事项

社会管理这三项是他们最为关注的改革工作(年龄、性别、工龄、学历与改革事项的交叉分析结果均相同),但并不强调集中集成。对于自己在示范镇或示范片中应当怎样集成推进统筹城乡综合改革缺乏整体认知和应有的预先谋划,也没有在城乡统筹部门的战略指导下"有所为"。正是集成改革的制度供给与需求不匹配,使得整项集成改革工作看起来更像是一片浮云,无法落地生根。

其次是人才问题导致集成改革制度供给的不需要。集成改革的三要素之一就是人才集成,创新性人才的集聚,能将其活跃的思维、创造性的改革理念、不按部就班的行事风格带到集成改革中来,以促进资源整合、要素集聚和集成系统协调,从而探寻一条适合当地发展的集成改革路径,否则将导致自上而推进的改革任务"放下来,却接不住、管不好"。从干部队伍来看:调研中发现,82.76%的受访者认为推进集成改革工作缺乏专业人才来引领工作,58%的受访者认为村干部中缺乏能够担当集成改革与创新大任的领导人才。事实上,区(县)和乡镇一级相关工作人员的学历以大专居多,尤其乡镇一级相关工作

人员大专以上学历者不到三成；干部队伍老龄化较为突出，尤其一些示范镇，出现多个村干部处于即将退休的状态，年轻人非常缺乏。从农民队伍来看：由于受教育水平偏低导致农民自身素质不高，创新意识淡薄，不敢承担风险，这也是集成改革中农民参与积极性不高的重要原因。同时，农村中的精英农民并不乐于从事农业，大多自办企业，或外出务工，使得精于农村发展的改革人才流失。因而，调研中多数被访者均认集成改革可有可无，一半以上的受访者认为当地的自主创新并不是真正的自主创新，而是原有改革的深入。

表 2-3　村干部有能够担当集成改革与创新大任的领导人才

		频率	百分比	有效百分比	累积百分比
有效	非常不赞同	4	0.5	2.2	2.2
	不赞同	54	7.4	29.3	31.5
	一般	52	7.1	28.3	59.8
	赞同	41	5.6	22.3	82.1
	非常赞同	33	4.5	17.9	100.0
	合计	184	25.1	100.0	
缺失	系统	550	74.9		
合计		734	100.0		

二、制度集成的协同性难题长期存在

制度集成具有全局性、战略性、决定性作用，其集成程度和质量直接决定集成推进统筹城乡综合改革建设的效果。但在实践中，制度集成却与现行体制产生冲突，甚至触及法律界限；制度配套不健全、不连贯；工作联动机制不成熟等。

一是多项制度不相融问题。问卷调查结果显示，50%的受访者认为由于受主客观因素的影响，集成改革中的多项制度出现不相融的现象，且在集成改革的多年时间里始终无法解决。比如，为深化户籍制度改革所制定的《关于加强人口服务管理工作的意见》与现行农村产权制度改革中推出的《关于深化农村产权制度专项改革方案》《推进集体资产股份制改革专项方案》等文件有不连贯问题,农民在腾出宅基地后进入社区生活,在享受城市居民待遇的同时,仍保有农村土地权利,却使得农村集体土地难以盘活,户籍制度改革的"大面包"仍然无从下口。此外,银行在土地制度改革中也不能同步修正,相关规章制度出现不同程度的滞后和迟疑,没有及时形成配套的金融服务产品,3.9%的受访者认为农村金融制度改革未同其他制度的改革同步并集成推进(如图2-8)。

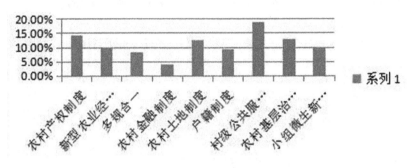

图2-8 制度集成现状

二是工作联动机制仍然不成熟。制度集成除了涉及法律问题外,还需要各级部门通力合作才能解决不相融的问题。集成改革以来,各区(市)县和乡镇争先恐后地开展集成推进统筹城乡综合改革示范建设工作,从"8+1+N"基本改革思路出发,进行了农村产权制度改革、"多规合一"的探索、构建新型农业经营主体等,取得了一定成效。但是作为改革重要驱动力之一的工作联动机制却不成熟,部门之间"踢皮球""打擦边球"现象屡见不鲜。一方面,统筹城乡综合改革涉及多个部门,他们对集成要素的资源分配权和使用权均有部门保护倾向,给要素集成和资源整合带来了一定的现实难度。另一方面,有的区(县)将统筹城乡改革工作放到其他职能部门内,人力、财力远不足以支撑集成改革的重任,同时,作为部门的一个科室,无法安排其他部门的城乡统筹工作,也承担不起协调职责,导致集成要素受部门壁垒无法形成合力;即使有的区(县)有专门的统筹办,但乡镇也缺乏专人负责统筹工作,导致"三张清单"的真正功效难以落实。

三、集成改革的激励评估机制有待完善

统筹城乡综合改革的集成推进首先是制度与人才集成，然后再以项目建设为载体推进集成创新，从而获得示范区的可持续发展。人才的集成需要合理的激励约束机制，集成创新需要合理的评估机制，只有这两点同时具备才会有集成改革的持续动力。调研显示，相关的激励评估机制都还有待进一步完善。

首先，从激励机制来看。在以项目建设为载体的集成改革中，财政激励是重要手段之一，但部分地区的做法却大相径庭。比如，新都区等部分区（县）统筹办专门发布《新都区统筹城乡综合改革示范建设资金管理办法》对本区（县）内各镇以建设结果评奖的形式，予以财政资金支持而非依据其是否是市示范建设点；而在邛崃、大邑等部分区（县）并未专门设有管理办法对示范点进行评级评奖，而是对市级示范点直接给予专项财政补助。在人才激励方面，乡镇一级的公务员普遍认为工作负担过重，经常以罚代奖，职业倦怠感较为明显，认为自己首要任务是完成手里的工作而没有精力再去了解更多的改革创新试点，即使分派了任务，也会以自己分管事项开展工作。这也是调研中发现，许多基层干部不了解集成改革的原因之一。

其次，从评估机制来看。一是各地统筹部门建立了以群众满意度为核心的评估原则，规避了政府部门主观评估的不科学性，增强了公众的信任感和认可度，却没有相应的评估细则，还是容易导致评估的非理性化。二是在调研中，区（县）和乡镇一级均反映到验收难以合格导致示范建设可能中断的问题。区（县）一级认为示范申报的附加条件是发改委立项，但申报成功后，发改委却迟迟不立项，一方面是区（县）有统一规划，另一方面是因为有的项目难以立项，比如土地使用证、规划许可证等需要常委会通过等条件，有项目建设中的部分房屋没有土地使用证，由此导致申报项目难以立项，直接导致了验收不合格的结果。乡镇一级认为验收难的主要问题在于社会资金的到位与资金使用。社会资本的投入取决于投资人的资金规划与安排，可能在第一年没有全部到位，但有可能在第二年或第三年到位，但考核结果却为不合格；资金使用也存在发票提供与报账难的问题，导致项目建设所花实际远远高于账面资金的情况，却也在考核中被验收为不合格。三是评估结果的运用问题。调

研中发现,多数示范点认为,示范建设只有三年时间,示范期间有一定的政策和资金补助,但是示范结束后集成改革工作却不能停下来,相关的补助政策却没有了,从而导致了项目申报和验收考核中的功利行为,使改革成效难以产生持续性影响。四是项目中的第三方评估问题。比如:在农村产权制度改革中,以确权颁证、建立乡村农村产权管理服务中心、改革集体资产股份化为主要形式进行,在此过程中缺乏权威的第三方评估机构对集体资产、农民个人资产进行市场化估值,导致农村集体用地难以盘活,银行不愿意发放贷款。尽管有些评估可以进行评估,但大多只熟悉城市土地评估,对农村土地价值了解不多,加上评估成本高,缺乏评估积极性,这也是导致镇村干部和农民普遍反映"新旧四权"很难贷款的原因之一。

第四节　集成改革存在的风险因素及治理的必要性

目前,全国大多数地方均处于统筹城乡综合改革示范建设的攻坚阶段,各级政府也积极推行集成改革的思维方式、鼓励创新行为。与此同时,改革意味着"摸着石头过河",未知的风险也接踵而至,然而调查发现,许多乡镇在示范片(镇)建设过程中,几乎都没有建立呈体系的风险防范机制,39.29%的受访者认为急需建立健全相应的风险预警与防范机制,否则大家都不敢开展改革创新工作。

一、缺乏集成改革的风险预警机制

集成推进统筹城乡综合改革示范建设,涉及"8+1+N"项制度的集成与创新,在集成创新中可能出现诸多问题,如多项制度的"打架"现象将可能使示范点选择性执行,从而突破原有的政策体系(如多规合一的规划并未取得规划许可,导致申报项目成为烂尾楼工程);示范点仅仅具备某项集成推进条件,并不具有整镇集成推进的基础,政策的突破可能使其承担巨大的政治风险和社会稳定风险(如某些示范镇缺乏资金启动"1"的建设进程,采取集体资产股权化,通过银行抵押贷款,有可能使作为股东的农民并不认可)。还比如,在农村土地制度改革中,农户自愿有偿腾退宅基地后,将集体建设用地开发利用,招商引资进行集体用地盘活过程中,企业跑路、土地荒置等现象,此类风险缺乏防范预警机制,难以在源头进行有效管理。在土地流转过程中,可能出现失控现象,使得集成推进统筹城乡综合改革示范建设风险加大,比如别有用心的人利用改革热潮,肆无忌惮地进行圈地和倒地运动,使得大量农地改变性质,造成农村生产力下降,给集体利益和国家利益打来重大的损害。因此,为增强改革动力、减少改革的阻力,建立和完善具有前瞻性、警示性与化解和延迟风险功能的预警机制迫在眉睫。

二、缺乏集成改革的风险防范措施

创新是引领发展的第一动力。党的十八届五中全会提出创新、协调、绿色、开放、共享的发展理念,把创新提到了首要位置。习近平总书记2016年1月4日在视察重庆时指出,"创新作为企业发展和市场制胜的关键,核心技术不是别人赐予的,不能只是跟着别人走,而必须自强奋斗、敢于突破。"[①]在统筹城乡综合改革中,创新也是促进城乡均等化的重要前提。集成改革作为统筹城乡发展的创新之举,既是改革的深入又是改革瓶颈的破题之举。只不过,有改革就有风险,无章可循,关键在于如何通过计划、组织、控制等活动来阻止风险的发生,削弱风险的损失程度。集成推进统筹城乡综合改革进程中,如何集成?怎样使用合法手段排除集成要素间的线性干扰?集成推进失败的责任应该由谁买单?等等问题,均需要在集成改革工作推进之前建立起相应的风险防范机制。研究显示,该项改革进程中,没有哪个层级的政府建立起了相应的风险防范机制,以补改革给农民、企业和政府部门造成的损失与伤害。比如,目前金融制度正在积极进行相应的改革,推行了"新四权"抵押贷款,但是农民因为手续麻烦不愿意贷款,而金融机制因为信息不对称、贷款金额小却成本高等原因又不愿意办理此类贷款。如果有合理的风险防范制度,农民贷款难将不再是问题,金融机构的风险损失将有特定的补偿渠道,那么多年来进行

---

① 《习近平在重庆调研时强调 落实创新协调绿色开放共享发展理念 确保如期实现全面建成小康社会目标》,《人民日报》2016年1月7日。

的金融制度改革成果将助习近平今年 7 次考察去了力集成改革的深入、持久。

三、各示范镇间缺乏联系

但是在我们对相关示范片(镇)的实地调研过程中,却发现同一个示范片内部各示范镇之间以及同一个示范镇内部各村之间在统筹城乡综合改革方面的联系并不大,甚至可以说没有联系。以下这段我们与某镇分管统筹城乡的副镇长的部分对话可以加以佐证:

问:"据我们了解,安德、新民场镇、唐元镇被划为一个示范片的,请问贵镇被划为示范片之后,与示范片内的其他示范镇在集成推进统筹城乡综合改革方面有什么联系吗? 或者说有在合作什么项目吗?"

答:"没有啊,我们重点发展的就是……产业园区,跟他们没有什么联系啊。"

问:"比如,唐元镇重点发展的是韭黄农业,难道在原材料的供应方面,其他两个镇之间没有什么合作吗?"

答:"这个倒是有一点联系的,但是韭黄主要是出口以及精深加工了,跟其他示范镇的联系也不大。"

"为了实现城乡居住关系、城乡基础设施、城乡产业布局、城乡公共服务、城乡治理等各项问题在全域范围内的统筹考虑,从 2013 年开始至今,成都共选择了 51 个乡镇作为统筹城乡综合改革示范镇(片)"。在重点规划的引领下,将全域内各个要素进行创新性融合,实现全域范围内的整合增效。这就要求示范片内部各个示范镇之间加强联系,注重规划的联动性,从单项、单地的破题探索,到集中、集成的纵深推进,促进城乡要素资源在各个示范镇之间的有序流动,实现基本公共服务共建共享,产业互动融合发展,进而实现整个示范片的城乡统筹均衡发展,彰显统筹城乡综合改革效应,从而使示范片、示范镇成为创新突破的先行区、产业发展的集聚区、改革成果的展示区、新型城镇化的示范区、新村建设的样板区。

但是,成都市各个集成改革示范乡镇和示范片内部或相互之间仍然呈现"无联系"的情况。通过对各乡镇的集成改革背景以及理论分析,我们认为出现此现象的原因主要有以下几个方面:

一是各示范镇之间统筹城乡发展现状不均衡。比如郫县示范片内三道堰镇的城乡统筹基础良好,农民新居建设已经基本完成,规划布局"一带一园双核三片",充分发挥市场配置资源的功能,深化"政府引导,多方参与,市场运作"改造模式,坚持"政府+市场"双轮驱动,并探索出 IOS 发展模式。但是示范片中的唐元镇在统筹城乡综合改革过程中,受到"上游水源保护地"的限制,至今仍旧以韭黄等人工种植业为主,农民的收入水平、当地的经济发展现状远不如三道堰镇。这种差距,直接导致了两地整镇规划重点内容的不同,显然两地想要实现区域集成改革,也存在一定的难度。二是各示范镇之间缺乏健全的工作规划联动机制。根据我们调研中所了解的信息,目前各个示范片没有一个针对各个示范镇集成推进统筹城乡综合改革示范建设的健全规范的工作规划联动机制。每个示范镇在实现全域规划的时候,由于信息获取以及权力约束只能考虑到本镇的整体布局规划,而不能站在整个示范片的角度思考全域要素的整合增效。

第三章　集成推进统筹城乡综合改革风险评估设计

第一节　集成改革风险识别

集成推进城乡综合改革制度作为一种新生事物,仍然处于探索实践阶段,风险也具有不确定性,站城乡统筹的角度要将所有的风险都予以识别是不可能的、不经济的和不必要的。事实上,风险管理者往往忽略那些发生概率低、危害影响不大的细微风险,真正关心的是那些发生概率高、造成损失严重的高危风险。因此,本书旨在发掘出集成改革中的高危风险,并分析其风险来源及危害程度,以便对集成改革过程中的风险进行有效的防范和控制。集成改革风险辨识的主要内容就是对集成改革的全过程(从顶层设计到具体操作环节),进行全面而细致的分析,找出集成改革中客观存在的、未发生的及潜在的风险,并对产生这些风险的影响因素及可能造成的损失进行初步评估。

一、识别方法

本书采用的集成改革风险识别方法比较全面,由于集成改革风险的复杂性,要想对其风险进行全面、准确而又系统的辨别,必须依靠与其相关的各领域专家。头脑风暴法和德尔菲法便是依靠各领域专家深厚的专业理论知识和丰富的实践经验,发掘出集成改革中各种现实及潜在风险并分析其成、预测其后果的风险辨别方法。此方法的优点是在缺乏足够统计数据和原始资料的情况下以做出较为准确的估计,属于统筹城乡综合改革领域的常见方法。

(一)头脑风暴法

头脑风暴法(Brainstorming)又称集体思考法,是以创造性思维、发散性思维通过座谈的形式来进行风险识别的方法。在进行本研究的时候,我们在集体研究的过程中根据风险识别的目的和要求,在充分阅读文献的基础上,由专业老师带领本领域的研究生就风险识别召开多次讨论会议,以面对面的形式就集成改革中存在风险、风险来源及损失危害展开了讨论分析,课题负责人召集课题组成员对所提见解进行反复比较,总结归纳重复和互为补充的风险,最终得出风险判别结果。

(二)德尔菲法

德尔菲法(Delphi method)是通过书面形式广泛征询专家意见以预测某项专题或某个项目未来发展的方法,又称专家意见法。德尔菲法克服了头脑风暴法的缺点,采用匿名的通信方式征询专家小组成员的评判意见,经过反复征询、归纳、修改,最后汇总成专家基本一致的看法,作为识别的结果。在集成改革风险识别的过程中,首先选定30名左右熟悉集成改革或城乡统筹综合改革相关方面的专家或研究学者作为征询对象,包括国内重点大学研究土地政策、农村治理、城乡统筹、风险管理的专家学者,政府中负责集成改革或城乡统筹的高层管理人员和基层执行人员等。然后将通过头脑风暴法得出的风险判别结果及风险调查方案等做成风险调查表,采用电子邮件的方式分发给各位专家。得到回复后再将他们的意见予以归纳总结,并再次反馈给各位专家。经过轮反复征询,笔者综合各位专家意见,去粗取精,最终总结出一个相对致且可靠程度较高的综合意见。

二、识别依据

风险识别是在一定的研究基础上进行的,即是需要有着定的依据。集成改革风险评估的主要依据是:文献资料、实地调研、相关政策梳理等。

(一)文献资料

通过搜集、鉴别、整理文献资料,分析并总结纳过去不同时期、不同阶段的研究学者、科研机构对研究主体的研究重点、研究范围、研究度、研究手段及研究成果,以便于我们掌握研究课题的科研动态及前沿进展。

本书通过检索有关统筹城乡综合改革、风险、制度风险、风险防控、风险预警等相关文献,筛选出涉及集成推进城乡统筹综合改革风险的文章,并进行归类总结,可以发现,当前学术界虽对集成改革制度有所关注,但关注的重点还集中在这个创新事物的运行、推进及特点上,对其运行中存在风险的研究并不深入。不过通过部分文章的解析思路,可以看出部分学者对其运行过程中可能产生的一系列问题表现出了担忧,特别是对耕地保护、农民权益保障、各项制度的配合、集成改革的可持续性等方面产生了一定的质疑。

（二）实地调研

社会调研是综合运用历史研究法、观察研究法等方法以及谈话、问卷、个案研究、测验或实验等科学方式,对有关社会现象进行有计划的、周密的、系统的调查,并对调查搜集到的一手资料和数据进行分析、总结、比较、归纳,借以揭露现实社会存在的问题,探索有关解决方案的研究方法。

为了准确识别集成改革中的各项风险,在本课题开始之前,课题组在对集成改革成效进行调研的时候就已经密切关注其潜在风险问题,在调研过程中,曾先后向大部分集成改革试点地区的农民群众、基层干部、乡镇政府、涉及的各个部门（国土、银行、统筹、农业等）展开调研和访谈,深入了解集成改革开展过程中的基本情况、重点难点以及存在的问题,收集到宝贵的第一手材料和数据,为研究报告奠定了坚实的基础支撑。

（三）专家咨询

如识别方法中所言,本课题进行风险识别的依据之一便是专家咨询,包括课题组成员和老师同学的头脑风暴以及对国内相关领域知名学者和政府中本领域的管理人员进行专家咨询,最终的咨询结果作为风险识别的主要依据之一。

（四）政策梳理

研究任何一项制度创新,必不可少的要研究与其相关联的制度,只有将研究主体与同一制度体系内的政策加以比较,判断该制度是否与原有政策目标相适应或相冲突,才能对该制度的变迁风险做出评判。通过对与集成改革相关的政策文件和政府发言稿进行研读,发现其中与现行政策之间的冲击,以此来对改革过程中可能存在的风险进行分析。

第二节　集成改革风险指标及其解释

通过科学的风险识别依据和方法,在广泛调研和充分阅读文献的基础上,结合专家的咨询意见,课题组最终形成了对统筹城乡发展中集成改革风险识别的三级指标体系(因为本课题后期将采用层次分析法进行权重分析,因此需要讲风险条理化、层次化,构建出一个有层级有条理的逻辑模型),包括目标层、准则层和指标层,在这个模式之下,复杂的研究对象被细化为单个独立存在的元素,而这些元素"又按其属性及关系形成若干层次,上一层次的元素作为准则对下一层次的有关元素起支配作用"①。最高的一级是目标层,是指研究决策的最终目标;中间一级为准则层,是研究而产生的中介,包括所需考虑的父准则和子准则;最低的一级是指标层,包括为了实现研究对象而需要具体操作的指标或是作为决策考虑的每个备选方案。具体体系内容如下表所示:

表 3-1　集成改革风险识别的三级指标体系

目标层 A	准则层 B	指标层 C
A 集成推进统筹城乡 综合改革风险评估	B1 制度风险	C1 集成改革中的制度虚化
		C2 集成改革中的制度失衡
	B2 政治风险	C3 群体性事件
		C4 基层干部晋升
		C5 耕地红线保持
	B3 经济风险	C6 区域差距扩大/缩小
		C7 三次产业协调
		C8 金融资本保障
	B4 社会风险	C9 权利主体利益保护
		C10 环保事件

① 朱建军:《层次分析法的若干问题研究及应用》,东北大学 2004 年博士学位论文。

一、一级指标解释

风险体系中,一级指标为目标层,目标层即为本课题研究的总目标"集成推进统筹城乡综合改革风险评估"。

二、二级指标解释

二级指标即为本课题研究中的准则层,是研究中产生的中介,通过将潜在的风险进行分类和细化,在本研究中,通过风险识别,将集成推进统筹城乡综合改革中的风险根据不同的性质划分为"制度风险""政治风险""经济风险""社会风险"四类,其中制度风险主要是从顶层设计的角度出发,对集成改革中的制度虚化和制度失衡问题进行测量;政治风险主要是从政治的角度对集成改革中可能出现的与群体稳定、干部晋升、土地规划相关的风险进行测量;经济风险是从集成改革中的区域规划、产业协调、资本保障等角度对风险进行测量;社会风险是以人民群众为出发点,对改革推进过程中的社会稳定风险(主要是权利主体的利益保护等)以及可能出现的环境风险等进行测量。

三、三级指标解释

三级指标即为体系中的指标层,是指标体系中最细化的一层,在四个风险类别之下一共包含了十个三级指标,具体的指标解释见下表:

表 3-2　三级指标解释

三级指标	指标解释
C1 集成改革中的制度虚化	制度虚化指在集成改革过程中可能存在顶层设计有为但到了基层在操作层面部分制度缺失、失效的情况,这种情况可能给集成改革带来风险;
C2 集成改革中的制度失衡	制度失衡指集成改革各项制度在实际的匹配、协调、适用性上存在的风险;
C3 群体性事件	通过对集成改革推行过程中的群体性事件统计,来对风险进行测量;

续表

三级指标	指标解释
C4 基层干部晋升	集成改革要求基层干部积极参与其中,因此基层干部晋升机会与集成改革成效应挂钩,否则容易影响改革推行积极性;
C5 耕地红线保持	集成改革属于改革试点,有比较多的宽松政策,但是耕地红线作为基本不能在改革中被触碰;
C6 区域差距扩大/缩小	集成改革试点要求试点区域内差距缩小,试点区域与非试点区域之间差距扩大;
C7 三次产业协调	集成改革要具有可持续性,必须加大产业发展,而三次产业协调互动能够降低改革的可持续性风险;
C8 金融资本保障	目前金融资本保障在集成改革的三项资金保障中属于最弱势的一项,而农村金融的发展是集成改的重要支点,也是风险的一大来源;
C9 权利主体利益保护	集成改革属于统筹城乡综合改革,民众是权利主体,而由于操作以及权益保护不当,民众在相关改革措施实行中容易遭受损失,带来改革风险;
C10 环保事件	与耕地红线保持类似,在集成改革中仍然要兼顾环境保护,避免由于规划不利造成环境风险。

第三节　集成改革风险评估指标体系的权重确定

在通过文献梳理、专家咨询和实地访谈等方法构建出集成改革风险评估指标体系之后,对构建的指标进行权重的确定是进一步进行风险评估的关键环节。在此,为确定集成改革风险评估各层次指标在指标体系中的相对位置和影响程度,本研究采用层次分析法来确定各项指标的权重。

一、层次分析法介绍

(一)层次分析法的定义

层次分析法(Analytical Hierarchy Process)是由美国运筹学家 Thomas L. Saaty 于 20 世纪 70 年代中期提出的多准则决策方法,它是将决策方案按照总目标、评价准则、具体的指标的顺序分解为不同的层级,然后运用比较的方法,求得每一层级的各因素对上一层级因素的优先权重,最后再运用加权求总的方法按层级合并不同层级之间的权重。

相对于其他的评估方法,层次分析法具有操作简单,实用性和灵活性、系统性等特点。首先,操作程序简单易懂。采用层次分析法,输入的资料主要是依据决策者的选择与判断,而决策的过程则反映的是决策者对问题的认识。其次,实用性和灵活性。层次分析法通过模拟人脑思维过程、采用两两比较形式以及统一测度模型将定量和定性研究方法进行了融合,为最优决策的出台提供了技术支持。最后,系统性。相同于传统依靠因果推论方式,层次分析法采用梯度形式,在研究系统内部各组成因素的相互关系及系统所在环境的基础上开展分析,能够对复杂、混沌的事件"抽丝剥茧",探查重要内涵。

(二)层次分析法的步骤

总体而言,如图所示,层次分析法主要有 4 个步骤:构建系统的梯阶层次结构、通过两两比较形成判断矩阵、进行判断矩阵的一致性检验以及计算各层次对于系统的总排序权重。

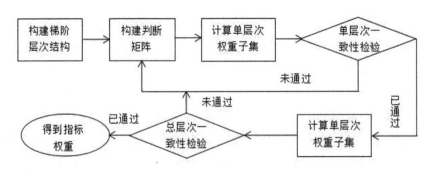

图 3-1　层次分析法的具体流程

资料来源:根据步骤过程整理而成。

1. 构建梯阶层次结构

使用层次分析法的首要条件在于构建一个包含各层级指标的逻辑结构，这个结构囊括了所有元素。其中最高的一级是目标层，是决策的最终目标；中间一级为准则层，是研究而产生的中介；最低的一级是指标层，包括为了实现研究对象而需要具体操作的指标或是作为决策考虑的每个备选方案。

本研究在之前通过文献梳理、专家咨询和实地访谈的基础上生成了3个层级的梯阶层次结构。如图所示，本研究以"统筹城乡发展中集成改革风险"为本研究的总目标（目标层A），以"制度风险"、"政治风险"、"经济风险"、"社会风险"为本研究的准则层（准则层B），以共10个基础指标作为本研究的指标层（指标层C）。

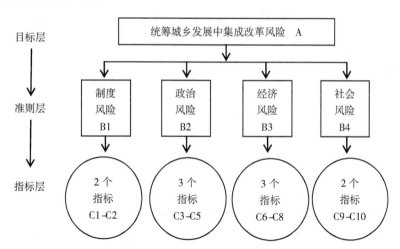

图3-2 统筹城乡发展中集成改革风险评估梯阶层次结构

资料来源：根据梯阶层次结构绘制。

2. 构建两两比较的判断矩阵

在构建了研究的递阶层次结构以后，下一步则是通过两两比较来判定各指标的相对权重，构造上层元素对下层隶属元素的判断矩阵。设准则层B所隶属的指标层C的具体指标为 $C_1, C_2, C_3 \cdots C_{n-1}, C_n$。研究者针对准则层B，要不断比较隶属于准则层B的各项具体指标相对于B的重要性，并且按比例尺度标度表赋予数值。如下表，以 C_i 表示指标，$C_i(C, i = 1,2,3 \cdots n-1, n)$，$C_{ij}$ 表示 C_i 与 C_j 相对于准则B的重要性。

表3-3　指标体系1-9级比例尺度标度表

标度	含义界定
1	C_i 与 C_j 的重要性相当
3	C_i 比 C_j 的重要性稍强
5	C_i 比 C_j 的重要性强
7	C_i 比 C_j 的重要性明显的强
2、4、6	C_i 与 C_j 的重要性相比在上述两个相邻标度之间
1、1/2……1/9	C_i 与 C_j 的重要性相比为上述非负值的倒数

（资料来源：根据相关资料整理而成）

据此，以 P 表示判断矩阵，可以得出评估指标体系的判断矩阵：

$$P = (C_{ij})_{n\times n} = \begin{bmatrix} C11 & C12 & ... & C1(n-1) & C1n \\ C21 & C22 & ... & C2(n-2) & C2n \\ ... & ... & ... & ... & ... \\ C(n-1)1 & C(n-1)2 & ... & C(n-1)(n-1) & C(n-1)n \\ Cn1 & Cn2 & ... & Cn(n-1) & Cnn \end{bmatrix}$$

其中 $C_{ij}>0$；$C_{ij}=1/C_{ji}$

3. 单排序权重向量和一致性鉴定

在构建出统筹城乡发展中集成改革风险评估的指标判断矩阵之后，我们要分别对隶属于目标层 A 的准则层 B1、B2、B3、B4 相对于目标层 A 的权重以及隶属于 B1 的 C1 和 C2、隶属于 B2 的 C3-C5、隶属于 B3 的 C6-C8 和隶属于 B4 的 C9 和 C10 的权重进行计算。本研究的目标层 1 个、准则层有 4 个、指标层有 10 个，根据目标层 A 与准则层 B 的隶属关系，准则层 B 与指标层 C 的隶属关系，同时，基于统筹城乡发展中集成改革风险评估体系表，构建了下表的判断矩阵。

表3-4　准则层 B 对目标层 A 构成的比较判断矩阵

目标层 A	准则层 B1	准则层 B2	准则层 B3	准则层 B4
准则层 B1	1	B_{12}	B_{13}	B_{14}

续表

目标层 A	准则层 B1	准则层 B2	准则层 B3	准则层 B4
准则层 B2	B_{21}	1	B_{23}	B_{24}
准则层 B3	B_{31}	B_{32}	1	B_{34}
准则层 B4	B_{41}	B_{42}	B_{43}	1

资料来源：根据层次分析法绘制。

表 3-5　指标层 C 对准则层 B1 构成的比较判断矩阵

目标层 B1	指标层 C1	指标层 C2
指标层 C1	1	C_{12}
指标层 C2	C_{21}	1

资料来源：根据层次分析法绘制。

表 3-6　指标层 C 对准则层 B2 构成的比较判断矩阵

目标层 B2	指标层 C3	指标层 C4	指标层 C5
指标层 C3	1	C_{43}	C_{53}
指标层 C4	C_{43}	1	C_{54}
指标层 C5	C_{43}	C_{45}	1

资料来源：根据层次分析法绘制。

表 3-7　指标层 C 对准则层 B3 构成的比较判断矩阵

目标层 B3	指标层 C6	指标层 C7	指标层 C8
指标层 C6	1	C_{67}	C_{68}
指标层 C7	C_{76}	1	C_{78}
指标层 C8	C_{86}	C_{87}	1

资料来源：根据层次分析法绘制。

表 3-8　指标层 C 对准则层 B4 构成的比较判断矩阵

目标层 B4	指标层 C9	指标层 C10
指标层 C9	1	$C_{9\,10}$

集成推进统筹城乡综合改革风险评估研究

目标层 B4	指标层 C9	指标层 C10
指标层 C10	$C_{10\ 9}$	1

资料来源:根据层次分析法绘制。

在所有判断矩阵完成之后,我们可以对每一个层级上的指标相对于上一层级的指标的权重进行计算,并对计算出来的权重进行一致性检验。这种权重的计算是通过计算判断矩阵的特征向量来实现的,而对其特征向量的检验则需要计算其最大特征值。所以,在此可以转化为判断矩阵特征向量和最大特征值的计算。计算判断矩阵的特征向量的方法有特征值、方根法、和积法和幂法,本研究采用方根法。其演算过程如下:

第一步,计算判断矩阵 P 每行元素的连乘积 M_i:

$$M_i = \prod_{j=1}^{n} x_{ij},(i,j=1,2,3,\cdots,n);$$

第二步,计算 M_i 的 n 次方根:

$$\overline{W_i} = \sqrt[n]{M_i},(i=1,2,3,\cdots,n);$$

第三步,对向量 $\overline{W} = [\overline{W_1},\overline{W_2},\cdots,\overline{W_n}]$ 进行归一化处理(正规化):

$$W_i = \frac{\overline{W_i}}{\sum_{j=1}^{n} \overline{W_j}},(i=1,2,3,\cdots,n);$$

则据此可以得出:$W = (W_1,W_2,\cdots,W_n)$ 即为判断矩阵的特征向量。

第四步,计算判断矩阵的最大特征值 λ_{max}:

$$\lambda_{max} = \frac{1}{n} \sum_{i=1}^{n} \frac{(PW)_i}{W_i}$$

其中,$(PW)_i$ 为矩阵乘法 PW 的第 i 个元素。

当判断矩阵的特征向量和最大特征值计算出来之后,就可以对特征向量的一致性进行检验。由于比较而得到的判断矩阵中的 C_{ij} 是通过隶属于某一准则层的指标进行两两定性比较而得到的,这种比较结果从量化的角度而言并不具备完整的精确性,它实质上是基于研究者或评分者主观意向而产生的定性分数。所以,判断矩阵本身就存在着误差。为了防止这种误差对进一步研究产生影响,我们必须对其进行一致性检验。C.I(Consistency Index)为判断矩阵的一致性指标,是层次分析法理论的创立者 Tomas L. Saaty 设计的,他将这种指标定义为:

$$C.I = \frac{\lambda \max - n}{n - 1}。$$

一般而言,C.I 的值越大,说明判断矩阵越不具备一致性。相反,则更具备一致性。另外,判断矩阵的梯阶数 n 越大,判断因主观因素而产生的偏差就越大,就更不具备一致性。因此,在计算 C.I 时,还必须引入平均随机一致性指标 R.I(Random Index)。R.I 是因变量,根据判断矩阵的梯阶数变化而变化,对于 1—9 阶的判断矩阵,具体 RI 数据值如表所示。

表 3-9　平均随机一致性指标 R.I 数值分布

梯阶数	1	2	3	4	5	6	7	8	9
R.I 值	0	0	0.582	0.90	1.12	1.24	1.32	1.41	1.45

资料来源:根据一致性鉴定资料汇总。

于是,根据 C.I 和 R.I 的值可以得出单层级的一致性检验方式,即一致性指标 C.I 与同阶平均随机性一致指标 R.I 的比值,称为随机一致性比率 C.R(Consistency Ratio):

$$C.R = \frac{C.I}{R.I}$$

当 C.R<0.10 时,即认为所建构的判断矩阵通过一致性检定,这样,据此所进行的判断是可信的;反之,当 C.R>0.10 时,即认为所建构的判断矩阵未通过一致性检定,需要对当前所构造这种判断矩阵进行适当调整或重新进行数值的确定,直至该矩阵达到一致性的条件。

4.计算总排序权重及一致性鉴定

为了对目标层进行有效的判断,必须得到各指标层中的指标相对于准则层、准则中的准则相对于目标层的排序权重。设某准则层为 B,它包含了 m 个因素,分别用 $B_1, B_2 \ldots B_{m-1}, B_m$ 表示,它们的层次总排序权值分别用 $b_1, b_2 \ldots b_{m-1}, b_m$ 表示;其下一层为指标层 C,它包含了 n 个因素,分别用 $C_1, C_2 \ldots C_{n-1}, C_n$ 表示,它们相对于准则层 B 中的某一元素 B_i 单排序权值分别用 $c_{1j}, c_{2j}...c_{(n-1)(j-1)}, c_{nj}$ 表示。当 B_i 与 C_j 无关联系时, $c_{ij}=0$; C 层中各因素相对于目标层 A 的权值分别用 $c_1, c_2...c_{n-1}, c_n$ 表示, 那么 C 层中的某因素相对于目标层的权值为:

$$c_i = \sum_{j=1}^{n} c_{ij}b_j \text{ 其中 } i = 1,2,3\cdots n, n-1$$

同时, 依据该公式求各层级的权重值。当各层级相对于目标层的相对权重确定后, 指标层相对于目标层的总排序也就确定了。但仍要对总排序进行一致性检验。设指标层 C 中有各因素 $C_1, C_2, C_3\cdots C_{n-1}, C_n$, 相对于准则层 B 中各因素 $B_1, B_2\cdots B_{m-1}, B_m$ 的层级单排序一致性指标分别为 $C.I_1, C.I_2\cdots C.I_{(J-1)}, C.I_J$, 相对于准则层 B 的平均随机一致性指标分别为 $R.I_1, R.I_2\cdots R.I_{(J-1)}, R.I_J$, 则指标层 C 的总排序的一致性比率 C.R 为:

$$C.R = \frac{b1 C.I1 + b2 C.I2 + \cdots + bm C.Im}{b1 R.I1 + b2 R.I2 + \cdots + Bm R.Im}$$

当 C.R<0.10 时, 即层次总排序通过一致性检定, 这样, 所建构的判断矩阵的整体一致性是可以接受的。

二、统筹城乡发展中集成改革风险评估指标体系的权重设计

(一)数据收集

运用层次分析法设计评估体系的权重, 需要通过专家咨询的方法收集数据。因此, 本研究首先根据文献梳理、专家咨询和实地调研的方式得到的统筹城乡发展中集成改革风险评估体系设计了《统筹城乡发展中集成改革风险评估指标权重赋值问卷》。问卷依据李克特量表设计, 依次比较目标层 A 与准则层 B、准则层 B 与指标层 C, 并对每一个层级、每一个指标进行"1-5"的赋值。然后, 本研究分别从研究统筹城乡、集成改革、风险评估等相关问题的学者和从事统筹城乡具体工作的政府人员两个维度发放问卷。首先, 通过电子邮件的方式向四川大学、武汉大学、中国人民大学、南京农业大学、浙江大学、中山大学、北京大学和清华大学等高校从事统筹城乡、集成改革、风险评估研究或相关、相近领域研究的学者投递了问卷。本研究共发放了 48 份问卷, 其中回收 30 份, 均为有效问卷。其次, 通过实地调研的方式对四川省、福建省等

五个省份中涉及统筹城乡综合改革的工作人员发放了问卷,共发放问卷 40 份,回收了 36 份,其中有效问卷 30 份。最后,本研究将收集而来的学者和工作人员的共 60 份有效问卷录入了 SPSS16.0 进行分析,对每一个赋值进行求平均数,得到了如表所示的评估体系数值。

表 3-10　统筹城乡发展中集成改革风险评估体系赋值

目标层	数值	准则层	数值	指标层
统筹城乡发展中集成改革风险	3.91	B1 制度风险	3.73	C1 集成改革中的制度虚化
			3.68	C2 集成改革中的制度失衡
	3.68	B2 政治风险	3.82	C3 群体性事件
			3.04	C4 基层干部晋升
			3.45	C5 耕地红线保持
	3.37	B3 经济风险	3.46	C6 区域差距扩大/缩小
			3.27	C7 三大产业协调
			3.78	C8 金融资本保障
	3.78	B4 社会风险	4.04	C9 权利主体利益保护
			3.64	C10 环境保护

数据来源:根据问卷分析统计而得。

(二)目标层与准则层相对权重的确定及一致性检验

在统筹城乡发展中集成改革风险评估指标体系中,本研究首先对目标层 A 与准则层 B 进行对比,结合专家咨询意见,依次比较制度风险 B1、政治风险 B2、经济风险 B3、社会风险 B4 两两因素相较于目标层 A 的影响大小,得到了判断矩阵。判断矩阵的具体赋值分数计算方法为根据专家赋值所得出的各项指标的平均数两两比值求得。

表 3-11　"A-B"判断矩阵

A	B1	B2	B3	B4
B1	1	1.06	1.16	1.03
B2	0.94	1	1.09	0.97

续表

A	B1	B2	B3	B4
B3	0.86	0.92	1	0.89
B4	0.97	1.03	1.12	1

资料来源:根据层次分析法设计。

得到"A—B"的判断矩阵之后,接下来就需要依据方根法求得"A—B"的权重向量。其计算过程为:

第一步,计算判断矩阵 P 每行元素的连乘积 M_i:

$$M_i = \prod_{j=1}^{n} x_{ij} ,(i,j=1,2,3,\cdots,n);$$

M1 = 1 * 1.06 * 1.16 * 1.03 = 1.27

M2 = 0.94 * 1 * 1.09 * 0.97 = 0.99

M3 = 0.86 * 0.92 * 1 * 0.97 = 0.70

M4 = 0.97 * 1.03 * 1.12 * 1 = 1.12

第二步,计算 M_i 的 n 次方根:

$$\overline{W_i} = \sqrt[n]{M_i} ,(i=1,2,3,\cdots,n);$$

$$\overline{W_1} = \sqrt[4]{M_1} = 1.06$$

$$\overline{W_2} = \sqrt[4]{M_2} = 1$$

$$\overline{W3} = \sqrt[4]{M3} = 0.91$$

$$\overline{W_4} = \sqrt[4]{M4} = 1.03$$

第三步,对向量 $\overline{W} = [\overline{W_1}, \overline{W_2}, \cdots, \overline{W_n}]$ 进行归一化处理(正规化):

$$W_i = \frac{\overline{W_i}}{\sum_{j=1}^{n} \overline{W_j}} ,(i=1,2,3,\cdots,n);$$

$$W_{B1} = \frac{\overline{W_1}}{\sum_{i=1}^{n} \overline{W_i}} = \frac{1.06}{4} = 0.265$$

$$W_{B2} = \frac{\overline{W_2}}{\displaystyle\sum_{i=1}^{n} \overline{W_i}} = \frac{1}{4} = 0.25$$

$$W_{B3} = \frac{\overline{W_3}}{\displaystyle\sum_{i=1}^{n} \overline{W_i}} = 0.228$$

$$W_{B4} = \frac{\overline{W_4}}{\displaystyle\sum_{i=1}^{n} \overline{W_i}} = 0.258$$

则所求出的准则层相对于目标层的特征向量为 W = (0.265,0.25,0.228, 0.258)。

求出准则层制度风险 B1、政治风险 B2、经济风险 B3、社会风险 B4 相对于目标层 A 的权重向量后,需要求出其最大特征值,并对该特征向量进行一致性检验。其具体演算过程为:

第一步,求出特征向量与判断矩阵的乘积。

$$PW_A = \begin{bmatrix} 1 & 1.06 & 1.16 & 1.03 \\ 0.94 & 1 & 1.09 & 0.97 \\ 0.86 & 0.92 & 1 & 0.89 \\ 0.97 & 1.03 & 1.12 & 1 \end{bmatrix} \bullet \begin{bmatrix} 0.265 \\ 0.25 \\ 0.228 \\ 0.258 \end{bmatrix} = \begin{bmatrix} 1.06 \\ 0.998 \\ 0.916 \\ 1.028 \end{bmatrix}$$

第二步,计算判断矩阵的最大特征根 λ_{max}。

$$\lambda_{max} = \sum_{i=1}^{n} \frac{(PW)i}{nWi} = \frac{1}{4}\left(\frac{1.06}{0.265} + \frac{0.998}{0.25} + \frac{0.916}{0.228} + \frac{1.028}{0.258}\right) = 4.005$$

第三步,计算出一致性指标 CI。

$$CI = \frac{\lambda_{max} - n}{n - 1} = \frac{4.005 - 4}{3} = 0.0017$$

第四步,进行一致性检验。

当阶数 n = 4 时,$RI = 0.90$

$$CR = \frac{CI}{RI} = 0.0019 < 0.10$$

这表明此判断矩阵具有一致性。

故,准则层 B 相对于目标层 A 的权重向量为 W = (0. 265, 0. 25, 0. 228, 0. 258)。

所以,准则层 B1 制度风险相对于目标层 A 的权重为:0. 265。

准则层 B2 政治风险相对于目标层 A 的权重为:0. 250。

准则层 B3 经济风险相对于目标层 A 的权重为:0. 228。

准则层 B4 社会风险相对于目标层 A 的权重为:0. 258。

(三)准则层与指标层相对权重的确定及一致性检验

在计算了目标层与指标层的相对权重之后,需要进一步计算准则层与指标层的权重并对其权重值进行一致性检验。根据对准则层与目标层的权重及一致性检验的计算过程,我们需要分别构建指标层相对于准则层的判断矩阵并计算出相应的特征向量和最大特征值以及 CI、RI、CR 值。此外,当判断矩阵的阶数≤2 时无须求出该矩阵的最大特征值和 CI、RI、CR 值。由于各判断矩阵指标权重计算方法一致,故此处只给出指标层指标权重的演算结果。

首先,与制度风险相关的风险的权重计算及一致性检验结果。

在构建出的统筹城乡发展中集成改革风险指标体系中,制度风险由集成改革中的制度虚化和集成改革中的制度失衡两个维度构成。根据专家打分得出如下判断矩阵,并结合上文的计算方法计算出权重值,其结果如下:

表 3-12 "B1-C"的判断矩阵及其权重值

B_1	C_1	C_2	W_1
C_1	1	1. 01	0. 50
C_2	0. 991	1	0. 50

资料来源:根据层次分析法设计。

故,指标层 C1、C2 相对于准则层 B1 的权重向量 B1 - C: W_1 = (0. 50, 0. 50)。

所以,指标层 C1 集成改革中的制度虚化相对于准则层 B1 的权重为:0. 50。

指标层 C2 集成改革中的制度失衡相对于准则层 B1 的权重为:0. 50。

其次,与政治风险相关的风险的权重计算及一致性检验结果。在构建出的统筹城乡发展中集成改革风险指标体系中,政治风险由群体性事件、基层干部晋升和耕地红线保持三个维度构成。根据专家打分得出如下判断矩阵,并结合上文的计算方法计算出权重值,其结果如下:

表 3-13 "B2-C"的判断矩阵及其权重值

B_1	C_3	C_4	C_5	W_2
C_3	1	1.26	1.11	0.37
C_4	0.79	1	0.88	0.30
C_5	0.90	1.014	1	0.33

$\lambda_{max} = 2.89, CI = -0.06, CR = -0.1 < 0.10$
资料来源:根据层次分析法设计。

故,指标层 C3、C4、C5 相对于准则层 B2 的权重向量 B2-C:W2 = (0.37,0.30,0.33)。所以:

指标层 C3 群体性事件相对于准则层 B2 的权重为:0.37。

指标层 C4 基层干部晋升相对于准则层 B2 的权重为:0.30。

指标层 C5 耕地红线保持相对于准则层 B2 的权重为:0.33。

再次,与经济风险相关的风险的权重计算及一致性检验结果。在构建出的统筹城乡发展中集成改革风险指标体系中,经济风险由区域差距扩大/缩小、三大产业协调和金融资本保障三个维度构成。根据专家打分得出如下判断矩阵,并结合上文的计算方法计算出权重值,其结果如下:

表 3-14 "B3-C"的判断矩阵及其权重值

B_3	C_6	C_7	C_8	W_3
C_6	1	1.06	0.92	0.33
C_7	0.94	1	0.87	0.31
C_8	1.09	1.15	1	0.36

$\lambda_{max} = 3, CI = 0, CR = 0 < 0.10$
资料来源:根据层次分析法设计。

故,指标层 C6、C7、C8 相对于准则层 B3 的权重向量 B3-C:W_3 = (0.33,

$(0.31,0.36)$。

所以,指标层 C6 区域差距扩大/缩小相对于准则层 B3 的权重为:0.33。

指标层 C7 三大产业协调相对于准则层 B3 的权重为:0.31。

指标层 C8 金融资本保障相对于准则层 B3 的权重为:0.36。

最后,与社会风险相关的风险的权重计算及一致性检验结果。

在构建出的统筹城乡发展中集成改革风险指标体系中,社会风险由权利利益主体保护和环保事件两个维度构成。根据专家打分得出如下判断矩阵,并结合上文的计算方法计算出权重值,其结果如下:

表 3-15 "B4-C"的判断矩阵及其权重值

B_4	C_9	C_{10}	W_4
C_9	1	1.11	0.53
C_{10}	0.90	1	0.47

资料来源:根据层次分析法设计。

故,指标层 C9、C10 相对于准则层 B4 的权重向量 B4-C:W4 = (0.53,0.47)。

所以,指标层 C9 权利利益主体保护相对于准则层 B4 的权重为:0.53。

指标层 C10 环保事件相对于准则层 B4 的权重为:0.47。

(四)总层次排序权重的确定及一致性检验

根据层次分析法的步骤,在计算出目标层与准则层的相对权重以及准则层与指标层的相对权重后,还需对总层次排序权重予以确定并进行一致性检验。总层次排序权重的确定的目的在于理清指标层各指标相对于目标层的权重及排序。根据上文提及的计算方法,统筹城乡发展中集成改革风险的权重总排序及总体一致性检验结果如下:

表 3-16 统筹城乡发展中集成改革风险评估指标权重

A	$B1$	$B2$	$B3$	$B4$	权重总排序
	0.265	0.250	0.228	0.258	
$C1$	0.50				0.13

续表

A	B1 0.265	B2 0.250	B3 0.228	B4 0.258	权重总排序
C2	0.50				0.13
C3		0.37			0.09
C4		0.30			0.08
C5		0.33			0.08
C6			0.33		0.08
C7			0.31		0.07
C8			0.36		0.08
C9				0.53	0.14
C10				0.47	0.12

资料来源:根据层次分析法设计。

总体一致性检验结果如下:

根据总体一致性检验公式,$C.R = \dfrac{b1C.I1 + b2C.I2 + \dots + bmC.Im}{b1R.I1 + b2R.I2 + \dots + BmR.Im}$

$$CI = \sum_{i=1}^{4} Bi \times CI = 0.265 \times 0 + 0.250 \times - 0.06 + 0.228 \times 0 + 0.258 \times$$

$0 = -0.015$

$$RI = \sum_{i=1}^{4} Bi \times RI = 0.265 \times 0 + 0.250 \times 0.582 + 0.228 \times 0.582 + 0.258 \times$$

$0 = 0.280$

$$CR = \frac{CI}{RI} = \frac{-0.015}{0.280} = -0.053 < 0.10$$

因此,整体指标体系通过总体一致性检验。

综上,整体指标体系的权重确定如上表(表3-16)所示。

第四章　集成推进统筹城乡综合改革风险评估的实证研究

第一节　实证数据与来源

本研究主要使用问卷调查法来对统筹城乡发展中集成改革风险因素进行评价与分析。问卷调查法一般又称"书面调查法",主要使用严格设计的问卷,通过被调查对象的书面作答来收集研究对象的资料,是用书面形式间接搜集研究需要信息的一种调查研究手段。本研究根据研究对象的规定性,在风险实证评估部分,主要对从事统筹城乡工作的政府工作工作人员进行调查,并获取评估数据。

(一)问卷编制说明

根据上一章运用多种方法对统筹城乡发展中集成改革风险评估指标的研究,我们得到了如表4-1所示的集成改革风险评估的指标体系。而后的风险评估部分,需要对每一个指标进行评价,而每一个指标分别对一个一个或者多个具体问题。因此,根据集成改革风险评估指标体系,我们设计出具体问题来衡量每一个指标。

首先,集成改革风险评估指标体系如下表:

表 4-1　统筹城乡发展中集成改革风险评估指标体系

目标层	准则层	指标层
统筹城乡发展中集成改革风险	B1 制度风险	C1 集成改革中的制度虚化
		C2 集成改革中的制度失衡
	B2 政治风险	C3 群体性事件
		C4 基层干部晋升
		C5 耕地红线保持
	B3 经济风险	C6 区域差距扩大/缩小
		C7 三大产业协调
		C8 金融资本保障
	B4 社会风险	C9 权利主体利益保护
		C10 环境保护

资料来源:根据本研究设计制定而成。

其次,根据指标体系中指标层的各个指标分别设置问题,构建评估问卷:

表 4-2　准则层制度风险里指标"集成改革中的制度虚化"的问题

指标	指标对应的评估问题
C1 集成改革中的制度虚化	A1. 我认同集成改革的各项相关措施并愿意再工作中推进
	A2. 我认为目前的集成改革只对及各项相关措施是合理的
	A3. 我认为当前集成改革中的制度制定、执行和变更受地方领导的影响较小

资料来源:根据本研究设计制定而成。

表 4-3　准则层制度风险里指标层"集成改革中的制度失衡"的问题

指标	指标对应的评估问题
C2 集成改革中的制失衡	A4. 我认为当前集成改革的试点区域具备比较成熟的改革条件
	A5. 我认为当前集成改革中存在的制度匹配和协调问题不太大

资料来源:根据本研究设计制定而成。

表 4-4　准则层政治风险里指标层"群体性事件"的问题

指标	指标对应的评估问题
C3 群体性事件	B1.群众在集成改革中没有发生过集群行为

资料来源:根据本研究设计制定而成。

表 4-5　准则层政治风险里指标层"基层干部晋升"的问题

指标	指标对应的评估问题
C4 基层干部晋升	B2.我身边有人因集成改革工作表现良好而增加了晋升机会

资料来源:根据本研究设计制定而成。

表 4-6　准则层政治风险里指标层"耕地红线保持"的问题

指标	指标对应的评估问题
C5 耕地红线保持	B3.在集成改革中出现耕地被占用等违规现象不太明显

资料来源:根据本研究设计制定而成。

表 4-7　准则层经济风险里指标层"区域差距扩大/缩小"的问题

指标	指标对应的评估问题
C6 区域差距扩大/缩小	C1.集成改革使试点区域之间的差距不断缩小
	C2.集成改革使试点区域与非试点区域之间的发展差距不断拉大

资料来源:根据本研究设计制定而成。

表 4-8　准则层经济风险里指标层"三大产业协调"的问题

指标	指标对应的评估问题
C7 三大产业协调	C3.我认为在集成改革试点区域的产业布局符合当地客观实际
	C4.我认为在集成改革中不太存在较大的一二三产业互动不足的问题

资料来源:根据本研究设计制定而成。

表4-9 准则层经济风险里指标层"金融资本保障"的问题

指标	指标对应的评估问题
C8 金融资本保障	C5.我认为金融机构对集成改革的资本保障比较充足

资料来源:根据本研究设计制定而成。

表4-10 准则层社会风险里指标层"权利利益主体保护"的问题

指标	指标对应的评估问题
C9 权利利益主体保护	D1.我觉得在集成改革中群众权益获得了很好的保护
	D2.我觉得在集成改革中企业权益获得很好的保护

资料来源:根据本研究设计制定而成。

表4-11 准则层社会风险里指标层"环境保护"的问题

指标	指标对应的评估问题
C10 环境保护	D3.在集成改革过程生态环境能够得到一定程度的保护

资料来源:根据本研究设计制定而成。

在问卷的量表设计的选择上,为了避免将"风险"等字眼标注在问卷中,从而造成政府工作人员因为对风险和问题的恐慌而不客观的评价集成改革风险,所以本研究在评估问卷中采用五级李克特量表,其备选答案均为程度数值为"1、2、3、4、5",并分别以具体的词汇"非常不同意,不同意,不一定或一般,同意,非常同意"来反映。

(二)问卷样本设计

考虑到研究者的时间、精力和能力等原因,本研究在样本设计时采用了非概率抽样方法。具体而言,采用滚雪球抽样方法。因为,统筹城乡发展中的集成改革对于各个省份而言是一个所有政府单位都应该开展的基础性工作。各个层级政府和各个政府部门以及各个政府内部单位都或多或少的需要铺开集成改革工作。所以,在对统筹城乡发展中集成改革风险评估的样本进行设计时,笔者没有能力对所有政府部门进行编号并运用概率抽样方法进行抽样。所以,本研究以四川省等五省各层级政府中主要从事统筹城乡工作的部门和单位为中心,通过滚雪球的方式选取被调研的对象,收集用于进行集成改革风险评估的数据。

（三）问卷发放

调查资料收集采用的是"集中填答问卷,当场完成,当场检查,当场回收"和电子邮件、快递等方式结合进行。本次问卷调研的时间为 2017 年 8 月 27 日—9 月 2 日,调查共发放问卷 300 份,收回有效问卷 234 份,有效回收率为 78%。

（四）样本数据的描述性统计

在本次调查样本中,男性 118 人,占 50.4%;女性 116,占 49.6%;受访者的年龄主要集中在 30—40 岁以及 20—30 岁之间,分别占总体的 32.9% 和 39.3%;在学历层次上,大部分政府官员的文化水平较高,基本为大学水平,占总体的 82.5%;在工作年限上大部分人在一个部门的工作时限不超过 5 年,占总体的 45.3%。而在受访工作人员的行政级别上,绝大部分为基层的工作人员,基本处于科长及以下级别,占总体的 88.5%。具体情况如下表:

表 4-12　基础信息统计

基础信息统计							
属性	类别	频率	百分比	属性	类别	频率	百分比
性别	男性	118	50.4%	工作年限	5 年及以下	106	45.3%
	女性	116	49.6%		6—10 年	50	21.4%
年龄	20—30 岁	77	32.9%		11—20 年	44	18.8%
	30—40 岁	92	39.3%		20 年以上	32	13.7%
	40—50 岁	43	18.4%	文化程度	初中及以下	4	1.7%
					高中(中专)	26	11.1%
	50 岁以上	21	9%		大学(本科、专科)	193	82.5%
					研究生(硕士、博士)	11	4.7%

资料来源:根据本研究设计制定而成。

（五）问卷的信度与效度检测

1. 信度检测

信度检测，是"检验测量工具的可靠性和稳定性的主要方法"[1]，现在通用的信度检测工具包括"克朗巴哈 α 模型（Cronbach's α）、折半信度系数模型、Guttman 模型、平行模型和严格平行模型等方法，而其中最常用的方法是克朗巴哈 α 模型。"[2]而克朗巴哈 α 信度系数的公式为：

$$\alpha = \frac{k}{k-1}\left(1-\frac{\sum\limits_{i=1}^{k}\mathrm{Var}(i)}{\mathrm{Var}}\right)$$

其中，k 为量表中评估项目的总数，Var(i) 为第 i 个项目得分的表内方差，Var 为全部项目总和的方差。"克朗巴哈 α 信度系数是量表中项目得分间的一致性，属于内在一致性系数，该方法普遍适用于态度、意见式问卷（量表）的信度分析。"[3]如表4-4 所示，克朗巴哈 α 信度系数总是处于一定的范围内，并且具有不同的代表性。

表 4-13　克朗巴哈 α 信度系数值域及其代表性

克朗巴哈 α 信度系数值域	代表性
0.9 及其以上	信度非常高
0.8-0.9	信度非常好
0.7-0.8	具有相当的信度
0.6-0.7	具有可信度
0.6 及其以下	内部一致信度不足

资料来源：根据 SPSS16.0 反应数据所制。

现有研究认为，在基础研究中克朗巴哈 α 信度系数至少应达到 0.8 才能接受，在探索研究中克朗巴哈 α 信度系数至少应达到 0.7 才能接受，而在实务

---

[1]　洪楠：《SPSS for Windows 统计分析教程》，电子工业出版社 2009 年版，第 321 页。

[2]　时立文：《SPSS 19.0 统计分析——从入门到精通》，清华大学出版社 2012 年版，第 342 页。

[3]　时立文：《SPSS 19.0 统计分析——从入门到精通》，清华大学出版社 2012 年版，第 337 页。

研究中,克朗巴哈 α 信度系数只需达到 0.6 即可。

通过 SPSS16.0,对统筹城乡发展中集成改革风险评估问卷的指标进行信度分析,得到了如表所示的信度结果。

表 4-14 问卷信度检测

Cronbach's Alpha	N of Items
.923	23

资料来源:根据 SPSS16.0 计算而得。

根据表可知,统筹城乡发展中集成改革风险问卷的克朗巴哈 α 信度系数为 0.923,通过了信度检测,即本研究具有较高的可靠性。

2. 效度检测

效度,即测量工具的有效性,是指"测量工具或手段能够准确测出所需测量的事物的程度。效度分为三种类型:内容效度、准则效度和结构效度。"[1]由于统筹城乡发展中的集成改革风险指标体系是通过文献梳理、专家咨询、政策比对等方式构建出来的,所以其内容效度和准则效度具有可行性。因此,本研究以结构效度为主要聚焦点。"结构效度分析所采用的方法是因子分析,即利用因子分析测量量表或整个问卷的结构效度。"[2]

在运用因子模型进行效度检测之前,首先要对问卷数据进行因子模型适应性分析,即运用 KMO 检定探讨系数之间的关系。KMO(Kaiser-Meyer-Olkin)检验统计量是用于比较变量间简单相关系数和偏相关系数的指标。如表 2-1 所示,KMO 检验统计量的值域也代表不同的意义。

表 4-15 KMO 检验统计量值域及其代表性

克朗巴哈 α 信度系数值域	代表性
0.9 及其以上	非常适合
0.8	非常适合

---

① 亓莱滨、张亦辉:《调查问卷的信度效度分析》,《当代教育科学》2003 年第 22 期。
② 柯惠新:《调查研究中的统计方法》,北京广播学院出版社 1996 年版,第 484 页。

续表

克朗巴哈 α 信度系数值域	代表性
0.7	一般
0.6	不太适合
0.5 及其以下	极不适合

资料来源:根据 KMO 检验统计量的标准所制。

通过 SPSS16.0,得到了 KMO 值。

表 4-16　KMO 检验统计量

Kaiser-Meyer-Olkin Measure of Sampling Adequacy.		**.921**
Bartlett's Test of Sphericity	Approx. Chi-Square	2778.505
	Df	231
	Sig.	.000

资料来源:根据 SPSS16.0 计算而得。

如表 4-16 所示,本研究选定研究因素的 KMO 值达到 0.921,因此本研究的统计量非常适合进行因子分析;同时,也反映本问卷所收集的数据具有较高的效度。

因此,再次进入 SPSS16.0,进行因子分析,得到了下表所示结果。

表 4-17　Total Variance Explained

Component	Initial Eigenvalues			Extraction Sums of Squared Loadings			Rotation Sums of Squared Loadings		
	Total	% of Variance	Cumulative %	Total	% of Variance	Cumulative %	Total	% of Variance	Cumulative %
1	9.404	42.745	42.745	9.404	42.745	42.745	4.822	21.918	21.918
2	1.658	7.538	50.283	1.658	7.538	50.283	3.665	16.661	38.579
3	1.217	5.532	55.815	1.217	5.532	55.815	2.840	12.910	51.489
4	1.091	4.958	60.773	1.091	4.958	60.773	2.042	9.284	60.773
5	.997	4.532	65.305						

续表

Component	Initial Eigenvalues			Extraction Sums of Squared Loadings			Rotation Sums of Squared Loadings		
	Total	% of Variance	Cumulative %	Total	% of Variance	Cumulative %	Total	% of Variance	Cumulative %
6	.881	4.005	69.310						
7	.823	3.739	73.049						
8	.705	3.206	76.256						
9	.618	2.808	79.063						
10	.567	2.579	81.642						
11	.506	2.301	83.943						
12	.476	2.165	86.109						
13	.473	2.149	88.258						
14	.404	1.837	90.095						
15	.374	1.698	91.793						
16	.335	1.523	93.317						
17	.311	1.414	94.731						
18	.291	1.324	96.055						
19	.259	1.178	97.232						
20	.245	1.112	98.344						
21	.186	.845	99.189						
22	.178	.811	100.000						

资料来源:根据 SPSS19.0 绘制而成。

通过因子分析法,本研究共提取了 4 个主成分特征值大于 1 的因子,而这 4 个主成分累积解释百分比达到了 60.773%,说明这 4 个主成分已经包括了超过 50% 的原始观测数据的足够信息。因此,统筹城乡发展中集成改革风险评估问卷作为测量工具能够有效地测算受访者的主观想法,具有较高的效度。

第二节　统筹城乡发展中集成改革
风险评估的实证分析

一、模糊综合评价法介绍

(一)模糊综合评价法的定义与原理

模糊综合评价法(Fuzzy Comprehensive Evaluation Method)是一种基于模糊数学的综合评标方法,它根据模糊数学的隶属度理论将定性的评价矩阵转化为定量评价数值,即用模糊数学对受到多种因素制约、多种条件限制的对象或性质做出一个总体的综合评价。

模糊综合评价法以模糊数学为基本原理,通过模糊数学的处理,将一个因素集 U 通过模糊关系矩阵 R(Fuzzy 变换器 R)转换为评语集 V。如图4-1所示,每输入一组因素的权重向量,就可以得到一组相应的评判结果。模糊综合评价的数学模型主要由四个集合构成,即 U 集、V 集、R 集和 W 集,其中 U 是评价因素集,V 是评语集,R 是模糊关系矩阵或评判隶属矩阵,W 是权重集。

图4-1　模糊综合评价的基本模型

资料来源:根据模糊综合评价法的原理而作。

(二)模糊合成算子模型选择

模糊合成算子是存在模糊数学中的一种合成方法,也就是算法。模糊综合评价法需要根据研究对象的实际需要选用合适的模糊算子进行合成。

1.模型($\wedge \vee$)

模型($\wedge \vee$)是主因素突出型的模糊综合评价,其中 $\wedge$ 表示取小值的运算,$\vee$ 表示取大值的运算。运用此种算子模型合成后的结果取决于在评价中最重要的因素(突出因素),其余因素将不受研究者重视而被忽略掉并不会影响结果。相较于其他模糊算子,此模型比较适用于单项评价最优、情况。

2. 模型（●∨）

模型（●∨）也是主因素突出型的模糊综合评价，它既突出了研究中需要突出的主要因素，也考虑了其他因素在模糊评价中的作用。其中，●表示普通的乘法，而表示取大值的运算。此模型将 W_i 作为调整多因素 R_{ij} 的系数，但是并未

有权重系数的意义，即 $\sum\limits_{i=1}^{n} W_i$ 不一定等于1，因为它并未考虑所有因素的影响。

3. 模型（∧⊕）

模型（∧⊕）同将 W_i 作为调整多因素 R_{ij} 的系数，但是没有权重系数的意义。其中，∧ 表示取小值的运算，⊕ 表示上限为1的求和计算。此模型在实际的运算中因为受到上限为1的限制，易导致在具体的运算过程中出现数值丢失问题。

4. 模型（∧+）

模型（∧+）与其他算子不同，需要先将综合评价矩阵的列向量进行归一化处

理，然后再把归一化的元素进行调整为，然后再把各个调整的元素加起来作为 Bj。该模糊算子是一种对每一个评语 R_{ij} 都同时考虑的综合评价运算过程。

5. 模型（●+）

模型（●+）为加权平均型的模糊综合评价。其中，●表示普通乘法，+ 表示普通加法。此模型考量了所有调研因素的影响和重要性，根据权重 W 的大小

均衡兼顾了矩阵 R 的所有因素，W_i 应满足 $\sum\limits_{i=1}^{n} W_i = 1$。

根据所有模糊算子模型的特点来看，前四种模糊算子在不同程度上具有遗弃其他指标、具有部分缺省值、需要调整系数等问题。结合统筹城乡发展中的集成改革风险来看，其本身不带有特别的偏好，它的目标在于通过具体的算法反映每项指标在评语集 V 上的映射；同时，也需要通过求总的形式反映目

标层在评语集上的得分。因此,本研究选用模型(●＋)作为模糊综合评价法的模糊算子模型。

(三)模糊综合评价法的步骤

1. 确定评价因素集 U

评价因素集 U 是指模糊综合评价中各个评价因素所组成的集合,即准则层因素集是依据目标层与其隶属度而决定的因素所构成的;而指标层因素集是由其准则层各个因素对应的指标层因素集合而成的。

一般而言,设准则层的评价因素集为:

$U = \{U1 \quad U2 \quad ... \quad Un-1 \quad Un\}$,它满足如下三个条件。

$Ui \neq \varphi, \forall i \in \{1 \quad 2 \quad ... \quad n-1 \quad n\}$;$Ui \cap Uj = \varphi$,当 $i \neq j$ 时;$U = \bigcup_{i=1}^{n} Ui$

则

$U1 = \{U11 \quad U12 \quad ... \quad U1(n-1) \quad U1n\}$,……,$Um = \{Um1 \quad Um2 \quad ... \quad Um(n-1) \quad Umn\}$

2. 确定评语集 V

评语集是运用模糊性概念来对目标对象进行评估的集合性概念。评语集合 V 的确定使得模糊综合评价得到一个模糊评价向量。评语集表示为:

$V = \{V1 \quad V2 \quad ... \quad Vn-1 \quad Vn\}$

不论评价目标的梯度层级有多少,评语集 V 始终只有一个。从技术角度分析,评语 V 的个数 n 通常大于 4 不超过 9。因为,n 的数量过小会影响评估的质量;而如果过大则会超过语言学对评语概念的定义;再有,评价等级个数多以奇数情况为主,因为这样可以存在中间值作为判断被评价事物的等级归属。

综合各方面考虑,本研究选择 n=5 作为评估等级个数。评语等级一般作为模糊综合评价专门的调查问卷中的备选答案出现,让填答者对选定的指标体系中各指标进行评价。而 5 级态度分别应为:低风险,较低风险,一般,较高风险,高风险,其赋值为:5、4、3、2、1。

3. 建立权重集 W

在开展模糊综合评价时,必须确定指标层因素以及准则层因素在总评价以及总层级中的重要程度,即在因素论域 U 上设定一个模糊子集,根据每一层次中各个因素的重要程度,分别赋予每个因素以相应的权重值。

一般而言,准则层的权重集为:

W = {W1　W2　...　Wn − 1　Wn}

而指标层的权重集为:

W1 = {W11　W12　...　　W1n} ,……, Wm =

{Wm1　Wm2　...　Wm(n − 1)　Wmn}

4. 一级模糊综合评价

对于多级模糊综合标价而言,首先需要对因素集 U 中的某个单因素 U_i(i = 1,2…n-1,n)作单因素评价,即开展一级模糊综合评价。从单因素 U_i 确定该因素对评语集 V 的隶属度从而得出第 i 个因素 U_i 的单因素评价集:

R_i = {R1i　R2i　...　R(n − 1)i　Rni}

由于准则层各因素都由所隶属的指标层的全部指标因素决定,因此准则层每个指标的单因素评价,应为其所隶属的指标层的全部指标因素的单因素评价的综合。则指标层的单因素评判矩阵 R 为:

$$R = \begin{bmatrix} R11 & R12 & ... & R1(n-1) & R1n \\ R21 & R22 & ... & R2(n-1) & R2n \\ ... & ... & ... & ... & ... \\ R(n-1)1 & R(n-1)2 & ... & R(n-1)(n-1) & R(n-1)n \\ Rn1 & Rn2 & ... & Rn(n-1) & Rnn \end{bmatrix}$$

其中,矩阵 R 行数的是指标层指标的具体个数,决定矩阵列数的是评语 V 等级数量。当因素权重 W 和模糊关系矩阵 R 已经确定后,通过矩阵 R 作模糊线性转换,把权重向量 W 变为评语集 V 上的模糊子集 B,即 B 为评语集 V 上的模糊综合评价集 B_j(j = 1,2,3..j−1,j)为评语等级 V_i 对综合评价所得模糊评价集 B 的隶属度。

B = W ∗ R (∗ 表示不考虑模糊算子最广义的模糊计算符号)

= [W1　W2　...　Wn − 1　Wn] ∗

$$\begin{bmatrix} R11 & R12 & \dots & R1(n-1) & R1n \\ R21 & R22 & \dots & R2(n-1) & R2n \\ \dots & \dots & \dots & \dots & \dots \\ R(n-1)1 & R(n-1)2 & \dots & R(n-1)(n-1) & R(n-1)n \\ Rn1 & Rn2 & \dots & Rn(n-1) & Rnn \end{bmatrix}$$

$$= [B1 \quad B2 \quad \dots \quad Bn-1 \quad Bn]$$

（五）二级模糊综合评价

一级模糊综合评价结果仅是其上一层次的单因素评价,为了得到目标层的模糊综合评价结果,还必须在一级模糊评价的基础之上,对目标层所隶属的准则层进行因素评价。

通过一级模糊综合评价,设所得到的模糊综合评价集为:

$$Bn = Wn * R = [Bn1 \quad Bn2 \quad \dots \quad Bn(n-1) \quad Bnn]$$

相对于指标层的单因素评价矩阵 R,二级模糊综合评价的单因素评价矩阵 R 为各准则层指标的综合。而按照一级模糊评价可以得到二级模糊评价集 B。

$$R = \begin{bmatrix} B1 \\ B2 \\ \dots \\ Bn-1 \\ Bn \end{bmatrix} =$$

$$\begin{bmatrix} B11 & B12 & \dots & B1(n-1) & B1n \\ B21 & B22 & \dots & B2(n-1) & B2n \\ \dots & \dots & \dots & \dots & \dots \\ B(n-1)1 & B(n-1)2 & \dots & B(n-1)(n-1) & B(n-1)n \\ Bn1 & Bn2 & \dots & Bn(n-1) & Bnn \end{bmatrix},$$

$$B = W * R = \begin{bmatrix} B1 \\ B2 \\ \dots \\ Bn-1 \\ Bn \end{bmatrix}$$

6.模糊评价结果的处理

经过多级模糊综合评价之后,可以得到被评价对象对各等级模糊子集的隶属度模糊向量,而这一结果仅仅是以向量的形式出现,本身不具有数学意义。因此,还需要通过具体的方法将模糊综合评价的结果进行处理。现有对模糊综合评价结果处理的方法包括最大隶属度法原则方法和模糊向量单值化方法。

最大隶属度矩阵方法。最大隶属度矩阵法是目前使用范围最广、应用效果最佳、处理方式简单的模糊评价结果处理方法。设多级模糊综合评价矩阵为 B,如果 Bk = max{Bj} ,则被评价的对象隶属于 k 个等级,这就是最大隶属度原则,也就是取模糊评价结果向量中最大的值作为结果。但是在实际的运用过程中,最大隶属度原则有时可能会发生因几个评价结果相近而产生的信息损失过大的情况,甚至得出与实际经验不相符的评价结果。

模糊向量单值化方法。模糊向量单值化根据加权平均的原则对模糊综合评价矩阵进行分析。设给 n 个等级依次赋予分为 $E_1, E_2, \cdots, E_{n-1}, E_n$,且 $E_1 > E_2 > \cdots > E_{n-1} > E_n$,其中各数值的间距相等,则模糊向量可单值为:

$$E = \frac{\sum\limits_{j=1}^{n} B_j^t E_j}{\sum\limits_{j=1}^{n} B_j^t}$$

其中,t 为特定的系数值,即 t 为 1 或 t 为 2,其目的在于控制较大的 B_j 的影响。当 t 趋近于无限大的时候,模糊向量单值化就和最大隶属度原则意义一致了,即 E 为最大值并反映模糊综合评价集的结果。

综合而言,针对上述两种结果处理方法,本研究选择以最大隶属度原则为模糊综合评价结果的分析方法。

二、统筹城乡发展中集成改革风险评估

1.确定评价因素集 U

根据前文所知,本研究构建了如表 4-18 所示的统筹城乡发展中集成改革风险评估指标体系。因此,依据此指标体系,本研究构建了评价因素集 U_1、

U_2、U_3、U_4。其中每个评价因素集的具体指标(子集)由 C 来表示。即如下所示的评价因素集 U。

表 4-18　统筹城乡发展中集成改革风险评估指标

目标层	准则层	指标层
统筹城乡发展中集成改革风险	B1 制度风险	C1 集成改革中的制度虚化
		C2 集成改革中的制度失衡
	B2 政治风险	C3 群体性事件
		C4 基层干部晋升
		C5 耕地红线保持
	B3 经济风险	C6 区域差距扩大/缩小
		C7 三大产业协调
		C8 金融资本保障
	B4 社会风险	C9 权利主体利益保护
		C10 环境保护

资料来源:根据本研究设计制定而成。

U1 = {C1　C2}

U2 = {C3　C4　C5}

U3 = {C6　C7　C8}

U4 = {C9　C10}

2. 确定评语集 V

根据集成改革的性质,集成改革是政府为了更好打破城乡统筹过程中单一推进的旧制度而实行统筹推进的制度选择,因此,集成改革产生的风险评估者更多地表现为政府及其工作人员。除此之外,考虑到统筹城乡中集成改革风险的承担对象过于广泛,且作为一般风险受众的普通民众对于风险的认知较弱。所以,本研究的风险评估者是政府工作人员,他们选择的备选答案为"1、2、3、4、5",并分别以具体的词汇"高风险,较高风险,一般,较低风险,低风险"来反映,即为

V = {V1　V2　V3　V4　V5} = {1　2　3　4　5}

其中,V 表示评语集,V1 表示高风险,V2 表示较高风险,V3 表示风险一般,V4 表示较低风险,V5 表示低风险。评语子集与子集之间的距离相一致,

风险程度从 1 到 5 呈现逐步递减的趋势。

3. 构建隶属度矩阵 R

根据之前的问卷和调研,本研究共得到了 234 份有效问卷,这代表了一共由 234 个风险评估者对统筹城乡发展中集成改革风险的 10 项风险进行了评估。现根据评估者的评估数据构建隶属度矩阵。

为了构建隶属度矩阵,设第 n 个评价指标为 C_n,评价者根据指标所示问题以及备选答案选择其重要等级,每个备选答案的频次为 M_m,其中 m = 1,2,3,4,5。在此需要说明的是,为了防止评价者受主观因素干扰夸大或隐藏集成改革风险,评估问卷的评价等级并不是直接用风险等级来代替。因此,现在可以得到评价指标 C_n 某个备选答案的频次为:

$$Rn = \frac{Mm}{I}$$,其中 m = 1,2,3,4,5,I 为参与评价的总人数

为了构建隶属度矩阵,首先需要确定填答者对每个指标的备选答案的选择频次,然后依据公式计算每个备选答案在所有答案所占比例。

第一步,计算出每个指标的备选答案的选择频数和频率,其结果如下:

表 4-18　与 C1 集成改革的制度虚化相关问题的频数和频率

每项指标对应的问题		非常不同意	不同意	不一定或一般	同意	非常同意
A1.我认同集成改革的各项相关措施并愿意再工作中推进	频率	1	1	42	107	83
	百分比(%)	0.4	0.4	17.9	45.7	35.5
A2. 我认为目前的集成改革只对及各项相关措施是合理的	频率	0	9	49	114	62
	百分比(%)	0	3.8	20.9	48.7	26.5
A3. 我认为当前集成改革中的制度制定、执行和变更受地方领导的影响较小	频率	8	30	76	87	33
	百分比(%)	3.4	12.8	32.5	37.2	14.1

表4-19 与指标 C2 集成改革的制度失衡相关问题的频数和频率

每项指标对应的问题		非常不同意	不同意	不一定或一般	同意	非常同意
A4. 我认为当前集成改革的试点区域具备比较成熟的改革条件	频率	1	9	63	110	51
	百分比（%）	0.4	3.8	26.9	47.0	21.8
A5. 我认为当前集成改革中存在的制度匹配和协调问题不太大	频率	3	31	68	101	31
	百分比（%）	1.3	13.2	29.1	43.2	13.2

表4-20 与指标 C3 群体性事件相关问题的频数和频率

每项指标对应的问题		非常不同意	不同意	不一定或一般	同意	非常同意
B1. 群众在集成改革中没有发生过集群行为	频率	5	23	51	108	47
	百分比（%）	2.1	9.8	21.8	46.2	20.1

表4-21 与指标 C4 基层干部晋升相关问题的频数和频率

每项指标对应的问题		非常不同意	不同意	不一定或一般	同意	非常同意
B2. 我身边有人因集成改革工作表现良好而增加了晋升机会	频率	8	19	75	101	31
	百分比（%）	3.4	8.1	32.1	43.2	13.2

表4-22 与指标 C5 耕地红线保持相关问题的频数和频率

每项指标对应的问题		非常不同意	不同意	不一定或一般	同意	非常同意
B3. 在集成改革中出现耕地被占用等违规现象不太明显	频率	3	23	63	100	45
	百分比（%）	1.3	9.8	26.9	42.7	19.2

表 4-23　与指标 C6 区域差距扩大/缩小相关问题的频数和频率

每项指标对应的问题		非常不同意	不同意	不一定或一般	同意	非常同意
C1. 集成改革使试点区域之间的差距不断缩小	频率	2	7	53	127	45
	百分比（%）	0.9	3.0	22.6	54.3	19.2
C2. 集成改革使试点区域与非试点区域之间的发展差距不断拉大	频率	3	23	59	99	50
	百分比（%）	1.3	9.8	25.2	42.3	21.4

表 4-24　与指标 C7 三大产业协调相关问题的频数和频率

每项指标对应的问题		非常不同意	不同意	不一定或一般	同意	非常同意
C1. 集成改革使试点区域之间的差距不断缩小	频率	0	5	61	115	53
	百分比（%）	0	2.1	26.1	49.1	22.6
C4. 我认为在集成改革中不太存在较大的一二三产业互动不足的问题	频率	8	27	86	70	43
	百分比（%）	3.4	11.5	36.8	29.9	18.4

表 4-25　与指标 C8 金融资本保障相关问题的频数和频率

每项指标对应的问题		非常不同意	不同意	不一定或一般	同意	非常同意
C5. 我认为金融机构对集成改革的资本保障比较充足	频率	2	29	75	85	43
	百分比（%）	0.9	12.4	32.1	36.3	18.4

表 4-26 与指标 C9 权利利益主体保护相关问题的频数和频率

每项指标 对应的问题		非常 不同意	不同意	不一定 或一般	同意	非常 同意
D1. 我觉得在集成改革中群众权益获得了很好的保护	频率	0	4	68	116	46
	百分比 （%）	0	1.7	29.1	49.6	19.7
D2. 我觉得在集成改革中企业权益获得很好的保护	频率	3	6	72	108	45
	百分比 （%）	1.3	2.6	30.8	46.2	19.2

表 4-27 与指标 C10 环境保护相关问题的频数和频率

每项指标 对应的问题		非常 不同意	不同意	不一定 或一般	同意	非常 同意
D3. 在集成改革过程生态环境能够得到一定程度的保护	频率	0	4	58	98	74
	百分比 （%）	0	1.7	24.8	41.9	31.6

第二步,根据上表求出各准则层中的指标的隶属度,其结果如下表:

表 4-28 "制度风险"层指标的隶属度

准则层	指标层	1	2	3	4	5
制度风险	集成改革中的制度虚化	0.01	0.06	0.24	0.44	0.25
	集成改革中的制度失衡	0.01	0.09	0.28	0.45	0.18

表4-29 "政治风险"层指标的隶属度

准则层	指标层	1	2	3	4	5
政治风险	群体性事件	0.02	0.10	0.22	0.46	0.20
	基层干部晋升	0.03	0.08	0.32	0.43	0.13
	耕地红线保持	0.01	0.10	0.27	0.43	0.19

表4-30 "经济风险"层指标的隶属度

准则层	指标层	1	2	3	4	5
经济风险	区域差距扩大/缩小	0.01	0.06	0.24	0.48	0.20
	三大产业协调	0.02	0.07	0.31	0.40	0.21
	金融资本保障	0.01	0.12	0.32	0.36	0.18

表4-31 "社会风险"层指标的隶属度

准则层	指标层	1	2	3	4	5
社会风险	权利主体利益保护	0.01	0.02	0.30	0.48	0.19
	环境保护	0	0.02	0.25	0.42	0.32

因此,基于上述各指标层的隶属度以及公式 R_n,本研究得到了如下统筹城乡发展中集成改革风险评估指标隶属度矩阵。

$$R1 = \begin{bmatrix} 0.01 & 0.06 & 0.24 & 0.44 & 0.25 \\ 0.01 & 0.09 & 0.28 & 0.45 & 0.18 \end{bmatrix} \quad R2 =$$

$$\begin{bmatrix} 0.02 & 0.10 & 0.22 & 0.46 & 0.20 \\ 0.03 & 0.08 & 0.32 & 0.43 & 0.13 \\ 0.01 & 0.10 & 0.27 & 0.43 & 0.19 \end{bmatrix}$$

$$R3 = \begin{bmatrix} 0.01 & 0.06 & 0.24 & 0.48 & 0.20 \\ 0.02 & 0.07 & 0.31 & 0.40 & 0.21 \\ 0.01 & 0.12 & 0.32 & 0.36 & 0.18 \end{bmatrix} \quad R4 =$$

$$\begin{bmatrix} 0.01 & 0.02 & 0.30 & 0.48 & 0.19 \\ 0.00 & 0.02 & 0.25 & 0.42 & 0.32 \end{bmatrix}$$

4. 建立权重集 W

依据前一章的分析,本研究得到了统筹城乡发展中集成改革风险评估指标体系各层次的权重,如下所示:

A-B:W = (0.265　0.25　0.228　0.258) ,

B1-C:W1 = (0.50　0.50) ,

B2-C:W2 = (0.37　0.30　0.33) ,

B3-C:W3 = (0.33　0.31　0.36) ,

B4-C:W4 = (0.53　0.47) 。

5. 一级模糊综合评价

因此,在求得了隶属度矩阵 R 和权重集 W 之后,依据模糊算子模型 (• +) ,本研究开始对各指标层进行模糊综合评价,计算过程如下所示(结果保留位小数)。

$$U1 = W1 \bullet R1 = (0.50 \quad 0.50) \bullet \begin{bmatrix} 0.01 & 0.06 & 0.24 & 0.44 & 0.25 \\ 0.01 & 0.09 & 0.28 & 0.45 & 0.18 \end{bmatrix}$$

$$U2 = W2 \bullet R2 = (0.37 \quad 0.30 \quad 0.33) \bullet$$
$$\begin{bmatrix} 0.02 & 0.10 & 0.22 & 0.46 & 0.20 \\ 0.03 & 0.08 & 0.32 & 0.43 & 0.13 \\ 0.01 & 0.10 & 0.27 & 0.43 & 0.19 \end{bmatrix}$$

$$U3 = W3 \bullet R3 = (0.33 \quad 0.31 \quad 0.36) \bullet$$
$$\begin{bmatrix} 0.01 & 0.06 & 0.24 & 0.48 & 0.20 \\ 0.02 & 0.07 & 0.31 & 0.40 & 0.21 \\ 0.01 & 0.12 & 0.32 & 0.36 & 0.18 \end{bmatrix}$$

$$U4 = W4 \bullet R4 = (0.53 \quad 0.47) \bullet \begin{bmatrix} 0.01 & 0.02 & 0.30 & 0.48 & 0.19 \\ 0.00 & 0.02 & 0.25 & 0.42 & 0.32 \end{bmatrix}$$

通过计算,可得

U1 = (0.010　0.075　0.260　0.445　0.215) U2 =

(0.002　0.094　0.267　0.441　0.176) U3 =

(0.013　0.085　0.291　0.412　0.196) U4 =

(0.005　0.020　0.277　0.452　0.251)

6.二级模糊综合评价

根据 U1、U2、U3、U4、U5,本研究构建 A-B 的隶属度矩阵 R,即为

$$R = \begin{bmatrix} 0.010 & 0.075 & 0.260 & 0.445 & 0.215 \\ 0.002 & 0.094 & 0.267 & 0.441 & 0.176 \\ 0.013 & 0.085 & 0.291 & 0.412 & 0.196 \\ 0.005 & 0.085 & 0.291 & 0.412 & 0.196 \end{bmatrix}$$

同时,已知 A-B:W = (0.265　0.25　0.228　0.258)

则, U = (0.036　0.085　0.277　0.428　0.196)

基于 U 集,本研究采取最大隶属度原则方法以求得模糊矩阵的最终结果。具体而言,即根据加权平均的原则对 U 集的各项子集与评语集 V 进行计算。

已知评语集 V = (1　2　3　4　5) ,

U = (0.036　0.085　0.277　0.428　0.196)

则 $U^* = V \cdot U = 1 \times 0.036 + 2 \times 0.085 + 3 \times 0.277 + 4 \times 0.428 + 5 \times 0.196 = 3.729$

因此,统筹城乡发展中集成改革风险评估的最终结果为 3.729。在目标层 A 的结果处理完成后,依据 $U^* = V \cdot U$ 对个准则层的评估结果进行进一步分析,具体计算过程如下所示。

已知评语集 V = (1　2　3　4　5) ,而各准则层的 U 集为:

U1 = (0.010　0.075　0.260　0.445　0.215) U2 =

(0.002　0.094　0.267　0.441　0.176) U3 =

(0.013　0.085　0.291　0.412　0.196)

U4 = (0.005　0.020　0.277　0.452　0.251)

根据 $U^* = V \cdot U$,则得到如表 4-32 所示的结果

表4-31　统筹城乡发展中集成改革风险评估指标体系准则层评分结果

准则层	模糊综合评价值	排序
制度风险	3.795	3

续表

准则层	模糊综合评价值	排序
政治风险	3.635	1
经济风险	3.684	2
社会风险	3.939	4

资料来源:根据最大隶属度方式求得。

　　根据上述计算过程和计算结果,我们可知统筹城乡发展中集成改革风险值为 3.729,结合前面构建的风险等级评语集,集成改革的风险等级为一般并偏向较低风险。而各准则层的风险等级由高到低排序依次为:政治风险、经济风险、制度风险和社会风险。在下一章中,我们将对上诉结果进行评价并进行归因研究。

第三节　风险评估结果分析

一、"目标层-准则层"评估结果分析

　　根据多级模糊评价的结果而言,统筹城乡发展中集成改革风险阈值为 3.729。如图 3-1 所示,统筹成乡发展中集成改革风险阈值介于"较低风险"与"风险一般"之间,偏向于"较低风险"。

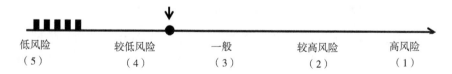

| 低风险 | 较低风险 | 一般 | 较高风险 | 高风险 |
| （5） | （4） | （3） | （2） | （1） |

图 4-2　统筹城乡发展中集成改革风险评估阈值

资料来源:根据模糊向量单值化方式的计算结果绘制。

　　总体而言,统筹城乡发展中集成改革风险处于中偏低水平,集成改革所引发的风险发生概率和影响力较弱,不会对社会造成很大的不稳定、不确定的情况。如图 3-2 所示,各准则层得分也基本位于"较低风险"与"风险一般"间,其中制度风险和社会风险两项的风险阈值超过了统筹城乡中集成改革风险的

风险阈值,处于较低的风险水平,而政治风险和经济风险的风险阈值则低于集成改革的风险阈值,处于相对更高的风险水平,四大风险等级从高到低排序为:政治风险、经济风险、制度风险、社会风险。

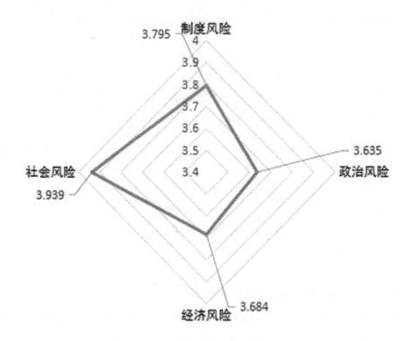

图4-3 统筹城乡发展中集成改革风险准则层的风险阈值

资料来源:根据模糊向量单值化方式的计算结果绘制。

二、"准则层-指标层"评估结果分析

在前述分析基础上,还需要对各准则层的每项指标进行分析。根据一级模糊评价结果,本研究对各准则层中的各项指标评价结果投射到评语集的比重进行了分析,以此来了解政府工作人员对各项风险指标的风险感知度。

(一)"制度风险"层评估结果分析

根据模糊向量单值化的运算结果可知,"制度风险"层的风险阈值为3.795,高于集成改革总体风险值,接近"较低风险"。结合隶属度矩阵 R_1 而言,如图3-3所示,"制度风险"下设的两个指标在评语集上具有不同的响应度。

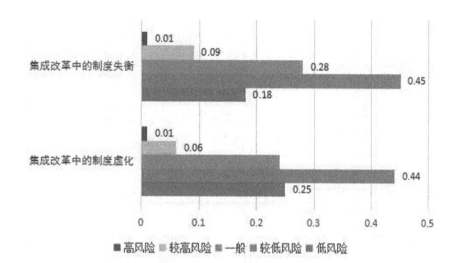

图 4-4　"制度风险"层在评语集上的映射

资料来源:根据隶属度矩阵 R_1 绘制。

　　"集成改革中的制度失衡"在"较低风险"一项所占比例达到了 45%,在"风险一般"的所占比例达到了 28%,即该指标的满意度较高,引发社会稳定风险的可能性较小。同样,"制度风险"的另外一个指标"集成改革中制度虚化"的风险评价处于较高的满意度水平。相比较而言,集成改革中的制度失衡的风险要较制度虚化的风险更高,10%的人认为制度失衡风险较高或高,而只有 7%的人认为制度虚化风险具有较高或高风险。所以,在制度风险维度,集成改革者应该更多地思考制度与制度之间的融合性、协调性问题,避免出现制度统筹推进时的相互掣肘和冲突,避免重走制度单向推进的老路,实现在制度统筹中实现制度系统性、功能性提升。

　　(二)"政治风险"层评估结果分析

　　通过模糊向量单值化计算,本研究得到了"政治风险"层的风险阈值为 3.635,并且远低于集成改革风险的总体阈值。因此,本研究认为统筹城乡发展中的集成改革风险中的"政治风险"较为严重,需要引起集成改革者的高度重视。

　　具体到"政治风险"的内部指标上,对"群体性事件"的评价朝向高风险和

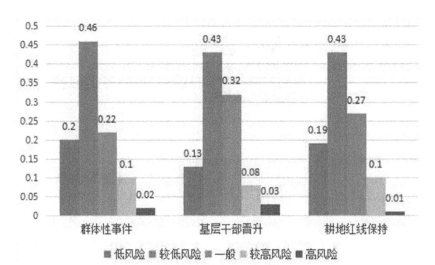

图 4-5 "政治风险"层在评语集上的映射

资料来源:根据隶属度矩阵 R2 绘制。

低风险两级延伸,近 7 成的人认为群体性事件在集成改革中的风险发生概率和风险影响力较小,但是,却仍有 1 成多的人认为群体性事件的风险比较严重。相较于"基层干部晋升"和"耕地红线保持"更多的评价者认为两者的风险一般并总体倾向于弱风险维度。虽然在"政治风险"内部的三种风险项的区分上不那么明显,但是由于"政治风险"是整体风险中最偏向强风险维度的项,所以此项风险仍然值得进一步研究和思考。

(三)"经济风险"层评估结果分析

"经济风险"的风险阈值为 3.684,位于总体风险阈值之下,其风险的强度处于四项风险中的第二位,属于相对较强的风险项。

在"经济风险"内部,"区域差距扩大/缩小"、"三大产业协调"和"金融资本保障"三个之间的风险等级从高到低依次为"金融资本保障"、"三大产业协调"、"区域差距扩大/缩小"。其中"金融资本保障"处于"一般"及以上等级风险的比重为 45%,而"三大产业协调"占比为 40%,"区域差距扩大/缩小"占比为 31%。这表明政府工作人员在评价经济风险时认为金融资本保障和产业协调的风险更高,即单向经济要素对经济发展的贡献要小,存在的问题更

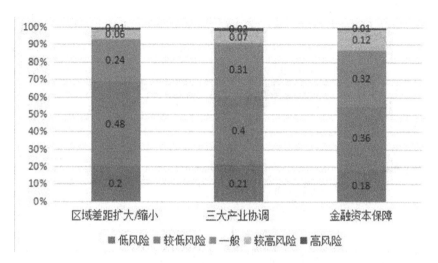

图 4-6　"经济风险"层在评语集上的映射

资料来源:根据隶属度矩阵 R3 绘制。

大;而对于区域间的差距的风险等级评价更小,即区域间的经济要素的集成较好。

(四)"社会风险"层评估结果分析

"社会风险"的模糊向量经过单值化计算后的风险阈值为 3.939,位列 4 个准则中的第 1 位,表明其风险等级和风险发生概率在四项准则层来看是最低的,但是它仍然值得深入探讨。

具体到"社会风险"下设的各项指标,"环境保护"的风险等级相对于"权利利益主体保护"而言更低。民众或者企业的权利保护是更为重要的风险项,"环境保护"在"高风险"等级中的占比为零,这表明了统筹城乡发展中集成改革不会造成极端的环保问题,当然这也同笔者在调研期间正处于中央环境保护督察组在部分省份视察的现实情况有关。

综上所述,通过对统筹城乡发展中集成改革风险体系中的目标层与准则层、准则层与指标层的评价结果进行描述性分析,我们发现全国各地统筹城乡发展中的集成改革风险具有以下特征:

第一,集成改革总体风险低,风险阈值为 3.729,处于"较低风险"与"一般风险"之间,并偏向"较低风险";

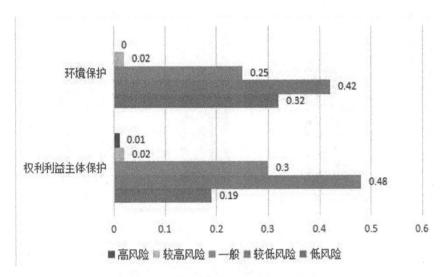

图 4-7 "社会风险"层在评语集上的映射

资料来源:根据隶属度矩阵 R_4 绘制。

第二,集成改革风险中四大风险等级从高到低排序为:政治风险>经济风险>制度风险>社会风险,政治风险与经济风险大于总体风险,制度风险与社会风险小于总体风险;

第三,在集成改革的制度风险中,制度失衡风险的主观感知大于制度虚化风险的主观感知;

第四,在集成改革的政治风险中,对群体性事件风险的风险感知向高、低两个极端倾斜;

第五,在集成改革的经济风险中,金融资本保障风险和三大产业协调风险的风险感知高于区域差距缩小/扩大风险;

第六,在集成改革的社会风险中,权利利益主体保护风险的风险感知强于环境保护风险。

第四节 评估结果归因探析

根据上述评价出来的统筹城乡发展中集成改革风险特征和结果,结合风险治理理论与各省统筹城乡发展中的集成改革实践从总体风险层级与准则层及指标层两个维度展开归因研究。对评估结果进行归因分析存在三种逻辑:一是从"评什么"角度,即从风险评估对象集成改革本身存在的风险特性上来分析;二是从"谁来评"角度,即从集成改革风险评估主体和评估者角度的风险感知上来分析;三是"如何控"角度,即从集成改革中的风险控制治理机制和能力上来分析。

一、"目标层-准则层"评估结果的原因分析

从总体层级来看,集成改革风险评估结果中有两个问题值得思考:一是为什么各地在统筹城乡发展中进行集成改革的综合风险等级较低,是什么原因成为促进集成改革平稳运行的决定性因素? 二是为什么统筹城乡发展中集成改革的政治风险和经济风险大于综合风险值,而制度风险和社会风险小于综合风险值?

(一)集成改革总体风险等级低的原因分析

统筹城乡发展中集成改革风险等级处于"较低风险"与"一般风险"之间并偏向"较低风险"的原因是多方面的。从改革的内容上来看,这得益于各级政府在统筹城乡改革中的实践努力,促进了集成功能的有效释放;同时它还是各级政府及公共部门进行风险合理沟通的结果。从风险评估的研究过程来看,它受到了评估过程中评估者选择的矛盾性影响。同时它还同集成改革的阶段性过程有关。

1. 集成改革的集成功能得到有效释放

集成改革不同于统筹城乡改革中的固有改革方式,集成推进的方式打破了单地、单项式的改革模式,实现了全域、全局、全方位的制度融合与协调。而统筹城乡发展中集成功能的发挥和释放一定程度上降低了风险发生的概率,消解了风险作用的影响力。

首先,集成改革促进了统筹城乡价值的融合性。集成改革实现了"公平"与"效率"价值的融合。效率涉及如何将集成改革的成果做大做强的问题,而公平则关乎如何将集成改革成果合理分配和实现集体共享的问题,效率与公平价值在各地统筹城乡发展中的集成改革中实现了融合,实现了在不断扩大

改革成果的同时促进改革成果无差别的共享。两者价值的融合,增强了民众对集成改革的期望值,降低了改革过程中存在的不稳定性、不确定性和可损失性从而降低了改革风险。

其次,集成改革推动了统筹城乡制度的系统性。集成改革的最大功能就是实现了制度的集成。从管理者的角度来看,集成改革通过各项制度的集成推进,实现了制度之间的融合和协调,增强了改革的系统性,制度作为一种重要的政府治理工具在安排方式上实现了优化升级,从而推动了改革绩效的提升。全国各地统筹城乡中的集成改革实现了多种制度的集成,农村产权制度、"多规合一"制度、新型农业经营体系、农村金融制度、农村土地制度等多项制度融合为一体。而从民众的认知上来看,根据笔者调研的数据分析,82.76%的民众认为统筹城乡发展中的集成内容和本质是制度集成。由此可见,无论是从管理者角度还是服务对象角度,集成改革的制度集成功能得到充分释放,因此集成改革的风险也在一定程度上被制度集成所带来的制度功效所抵消掉,从而降低了集成改革风险。

最后,集成改革实现了统筹城乡区域的协调性。集成改革不只是实现了制度的集成,同时它还具备区域集成的功能。通过集成改革,城乡区域之间的差距不断缩小,试点区域与非试点区域的差距不断扩大,发达地区与欠发达地区的水平不断靠近,区域的协调性优势正在逐渐显现出来。例如,通过调研我们了解到54.3%的人都认为集成改革使得区域之间的额差距不断缩小,更有19.2%非常赞同集成改革能够缩小地区差距。由此可见集成改革的区域协调性功能得到了民众的认可,这大大降低了因区域差距过大和区域不平衡所带来的风险,从总体上降低了集成改革风险。

2.集成改革中的风险沟通和利益协调工作到位

在风险治理理论中,风险沟通与相关利益群体的利益协调是风险治理的核心,缺乏沟通会降低风险治理的有效性。而有效的风险沟通和利益协调能够提升风险治理能力和功效,进而削弱了风险评估者的风险感知,降低风险评估的等级。虽然各地在风险治理实践中,各级政府尚未构建专门的针对集成改革风险的治理机制,但是却从来没有丧失风险沟通与利益协调的治理能力。在风险治理中,沟通并不只限于对风险的沟通,而可以扩大到对改革过程中出现的任何问题进行信息传递和处理。准确来讲,集成改革中的风险沟通是政府、专家、相关利益群体进行信息交换,从而提供更为准确信息来应对改革中出现的不确定性、不稳定性和可损失性的过程。为了确保信息的完整性和准确性,各方主体的参与是保障,各方主体间的信任是基础,各方主体间的利益协调是关键。所以,集成改革中的风险沟通常常涉及信息的传递、改革的多方参与和利益的合理协调。根据笔者的调研结果,62.52%的人认为集成改革是一种上下互动式的改革,因此,政府与民众、风险治理主体间的沟通得到了巨大保障。除此之外,75.86%的民众认为集成改革的各项决策充分考虑到了民众的需求,这说明政府认真的听取了民众的意见。而在风险沟通的参与性上,55.17%的人认为在集成改革中民众能够充分参与集成改革的日常管理。在风险沟通的利益协调上,49.6%的人认为集成改革能够很好地保护群众权益,而有46.2%的人认为企业的权益在集成改革中也得到了巨大的保护。由此可见,集成改革中虽然没有构建风险治理体制,但是风险沟通和利益协调的能力得到了充分发挥,这从风险治理维度上降低了集成改革的风险。

3. 集成改革风险评估研究中评估主体选择的矛盾性影响

从心理学上来看,风险的本质是人对某项事务不确定性和可损失性的感知,带有明显的主观特性。而在集成改革风险评估研究中,评估者为政府中从事集成改革工作或相关工作的人员,而不是处于集成改革社会风险末端的风险受众——民众。这种评估者的选择不是研究的疏漏,而是迫于评估主体选择上的矛盾性困境的不得已而为之。首先,风险评估研究的专业性将普通民众作为风险评估主体的可能性剥夺了。普通民众不了解何谓"风险",更妄谈"风险评估",将普通民众作为风险评估研究的评价者会导致研究的不客观,从而不利于准确把握集成改革的风险等级和影响力。其次,政府"维稳"和强控风险的政治意识一定程度上干扰了政府官员作为风险评估者的评估客观性。为了追求风险评估的准确性和客观性,政府人员成为风险评估的评估者,但是政府中存在的"稳定压倒一切"的维稳意识也导致评估者在填答评估问卷时不能客观反映和评价集成改革中存在的风险。比如,笔者在对四川省某地级市统筹城乡办公室的一位工作人员进行电话访问时,当笔者谈到调研的目的是为了了解集成改革的风险的时候,该工作人员要求我们出具上级下发的公函来确定。这间接反映了政府人员作为风险评估者所受到的可能导致评估不客观的因素的影响。因此,在集成改革风险评估研究中,政府工作人员作为风险的评估者会迫于政治压力而适当降低风险评价等级。

4.集成改革跨过攻坚阶段,进入成果巩固时期,风险不再大规模涌现

集成改革的低风险与改革所处的阶段有关。若当集成改革处于初期时,破冰之旅会带来大量的新问题,而此时集成功能和优势没有充分发挥出来,解决新问题的方法还没形成,所以处于初期的集成改革风险很大;当集成改革经过"摸着石头过河"的探索之后,随着改革的不断深入,藏匿于在最深处的顽疾逐渐暴露出来,这时候改革的风险值上升到最大;而当集成改革顺利清除最严重的障碍,解决最棘手的麻烦之后,改革边跨过攻坚阶段进入到成果巩固时期,这时候风险值便逐渐下降并维持在较低水平。现阶段全国各地统筹城乡中的集成改革已经迈过了攻坚阶段,进入到成果巩固时期,风险逐渐下降。正如同笔者在某郊县的统筹城乡工作局进行访谈时,该局局长对统筹城乡工作委员会这一机构撤销的评价一样,他认为统筹城乡工作委员会的撤销主要是因为统筹城乡工作已经取得丰硕成果,改革已经进入成果巩固期,发挥攻坚克难作用的统筹委的历史任务暂时告一段落了。进入成果巩固期的集成改革不再面临大规模的风险问题,也不会受困于风险的不确定性。所以,从集成改革的发展阶段来看,处于成果巩固阶段的集成改革的低风险制具有合理性。

(二)政治、经济风险大于制度、社会风险的原因分析

政治领域与经济领域的风险高于总体风险并高于制度领域与社会领域风险的原因不仅在于各自领域的风险特性,同时还在于评估者对不同领域的识别度和感知力。

1.政治领域与经济领域在集成改革中的地位越重要则风险越高

不同领域在集成改革中的地位和功能存在差异,而不同的地位会导致改革者在改革过程中投入的资源存在差异,投入的资源越多,改革的力度越大,持续的时间越长,范围越广、深度越深,那么改革中遇到的问题就会越多,触及的利益面就会越广,改革的阻碍就越强,这时候改革中的不确定性、不稳定性和可损失性就会越强,风险就会越高。统筹城乡发展中集成改革的重点领域集中在政治和经济领域,因此涉及政治和经济领域的改革力度就会越大,而产

生风险的概率就会越高。例如,在集成改革的"8+1+N"项制度改革中,几乎所有的制度改革内容都涉及经济领域和政治领域,以集成改革中的土地制度例,它是一种经济制度,土地制度的改革会引发经济利益的变革,从而对社会造成影响,而管控这种影响的任务落到了政府头上,因土地制度改革而带来的利益失调便是政府管控风险不利的责任,故而这种政治风险的管控变得十分重要了。总的来看,风险的扩散性、连接性以及集成改革对政治及经济改革的重视程度导致了政治风险与经济风险要更高。

2. 政府工作人员作为评估主体对不同领域风险的压力感知度不同

从政治领域与经济领域在集成改革中的地位重要性角度出发切中了集成改革中政治风险与经济风险的相对高风险特性。而从风险评估的主观性视角窥视集成改革的四大风险项,我们认为政府人员作为评估主体对政治风险、经济风险的压力感知力更强,而对制度风险与社会风险的压力感知力相对较弱。

首先,维持社会稳定成为各级各层政府在集成改革中必须坚持的根本原则,其政治风险的压力最大。改革、发展与稳定是一组矛盾,如何在集成改革中实现城乡统筹发展并维持社会稳定是政府所要解决的关键问题。而具体到集成改革的政治风险指标中,群体性事件最关乎改革的稳定,基层干部晋升的好坏直接影响到评估者对风险的整体评分,耕地红线的保持却是改革中的底线和原则。这些风险带有一个明显的特征,即不可逾越性。一旦改革中出现此类事件并造成损失,那么地方的行政首脑的政治生涯会受到一定的影响,出现不可逆的污点。那么,在这种政治高压态势下,通过层层加码,上级的政治意识逐级传递,作为基层的从事集成改革的政府人员对改革中出现的这些风险的压力感知度变得很大,所以,他们对政治风险发生概率、影响力的评价也会更高。比如,笔者在某乡镇政府进行调研会谈时,会谈的领导因为当时发生了因土地制度改革出现利益纠纷而产生集群行为而立即中止会谈,并动员乡镇干部集体出动解决纠纷。这种情况的出现可以证明基层政府及其工作人员在维护政治稳定和延续自身政治生涯时的工作压力之大。

其次,通过集成改革促进地方经济发展是改革工作得以持续推动的主力传动轴,政府工作人员对促进经济领域改革及实现其功能的发挥的工作压力较大。如果说政治压力对于从事集成改革的政府人员而言具有刚性约束,那么经济压力对于他们而言却是一种无形的柔性束缚。集成改革的最终目的是通过经济的发展,带动人民生活水平提升,促进城乡之间、区域之间在各领域内实现均衡发展。只有经济得到发展,各项制度的改革才具有动力,改革才能持续下去。从对政府工作人员的调研中发现,65.52%的政府人员关心农村产权制度的改革,另外仍有 65.52%的人比较关心新型农村经营体系建设,58.62%的人关心农村金融制度改革,55.17%的人关注农村土地制度。由此可见,大多数人都对集成改革中的经济领域的改革显得十分关注。因为,只有经济得到发展了,集成改革的政治、社会等其他领域的绩效才会显现出来,只有地方政府的经济发展了,地方政府的领导和基层干部才会在政治晋升上得到发展。所以,对于地方政府的工作人员而言,经济领域的风险产生的压力同样会导致他们在评估中对经济领域风险感知力更强。

二、"准则层-指标层"评估结果的原因分析

当我们从宏观上对"目标层-准则层"的评估结果进行分析后,我们还需要对隶属于准则层的各个指标所反映的评估结果进行探究。在本部分,我们将依次对制度风险、政治风险、经济风险和社会风险中的评估结果进行解释和归因分析

(一)制度失衡风险大于制度虚化风险的原因分析

在制度风险领域内,制度失衡涉及制度之间的协调与系统性,而制度虚化则更多反映了顶层设计与制度执行之间的功能错位、功能异化、功能缺失。集成改革中的制度失衡风险高于制度虚化风险的原因来自两个方面,一是集成改革的制度集成特性决定了制度失衡是最明显的制度风险;二是集成改革的集成推进方式决定了制度虚化是相对弱化的制度风险。

1.制度失衡是制度集成功能失效的逻辑延伸

因为集成改革的本质是系统性、协调性和融合性。所以,在集成改革的制度构架上,单项制度之间、各区域制度之间、各功能领域制度之间都应该在系统性基础上实现制度与制度的融合与协调。制度融合性强,不会出现制度不匹配和制度冲突,则制度集成功能发挥得当;若制度融合性弱,制度搭配不合理并且制度间相互掣肘,则制度集成功能发挥实效。制度失衡成为制度风险

中相对更为严重的风险,表明了集成改革中的制度集成的问题仍然存在,集成功能仍然存在发挥失效的现象。比如,在调研中,公务人员认为当前在集成改革的体制机制方面存在最为严重的问题是"部门协调机制不健全",有50%的人认为制度集成中的部门协调、制度协调不够,没有很好的实现制度集成的系统性和协调性,出现制度失衡的情况比较常见,其风险的影响力也相对更大。

2.集成改革的制度集成推进方式弱化了制度虚化风险发生的条件

在集成改革的制度风险里,制度虚化风险仍然会有发生,但是相对于制度失衡风险而言,其发生概率、风险影响力相对较弱。这是因为,集成改革的制度集成推进方式削弱了制度虚化的发生条件。那么,制度虚化风险发生的条件有哪些?为什么制度集成推进的方式就会削弱制度虚化风险的发生条件?

首先,行政分权体制下,地方政府自治性较强的条件下,制度虚化风险容易发生。制度虚化的本质是制度的设计与执行之间的脱节和功能的错位、缺位或异化。而在分权体制下,地方政府的权力更大,自治性更强,其在执行顶层设计的制度时难免会有意或无意的掺杂自己的想法,换句话说,可能会出现变相执行的问题,从而导致制度没有发挥其预想功能或偏离预想方向,出现制度虚化风险。那么,制度集成推进的方式为什么能够弱化制度虚化的基础和条件呢?制度集成推进方式与行政分权制及地方政府自治性强的关系是什么?为了进一步回答这些问题,我们需要审视制度集成推进方式的本质及其与其他改革模式的关系。

其次,制度集成推进的方式是地方政府行为的创新,显现出不同于委托—代理式的地方政府治理的新逻辑。周黎安认为,当代中国政府治理最常见的逻辑和模式是"行政发包制",而这种制度对应的是一个相对分权的治理方式。从权力分化和地方政府自治力的角度来看,中国地方政府普遍采用的"行政发包制"的治理方式赋予了地方政府极大的自主权和自治能力。但是集成改革的制度集成推进方式却是不同于分权式的改革模式。以四川省统筹城乡发展中的集成改革为例,在机构设置上,各级政府设立统筹委(统筹局)专门整合各个部门集中开展工作;在政策规划上,实行"多规合一"制度,零散的政策统一纳入一类规划中,在整体规划中兼顾地方、区域、单项规划,在单项规划中凸显总体规划的引领;在权力安排上,统筹委更加集中权力和资源来专门开展统筹城乡工作。所以,在控制权上,集成改革的权力更加集中而不是相对分散,在地方政府的自主性上,地方政府的自主性相对弱化而不是增强。因此,制度集成推进的方式下的制度虚化风险发生的条件大大弱化,制度虚化风险也发生概率和影响力也就更弱。

(二)对群体性风险的感知朝高、低两个极端倾斜的原因分析

群体性风险作为最为典型的政治风险项,呈现出总体向低风险靠近,但却朝向高、低两个极端倾斜的原因主要在于评估者对群体性风险感知的评价受到其他因素的影响,而不是来自群体性风险源本身的特性。因为风险评价会受到主客观因素的影响从而导致对群体性风险的感知呈现出非线性特征。从集成改革的实际来看,如同调研时一位工作人员告诉我们,集成改革中的确存在因为诸如工程建设类项目的开展而在土地权益上同民众产生利益纠纷从而引发集群行为的事件。但是此类事件不经常发生,假如发生,在集群行为影响力扩大之前,此类风险就已经在基层得到化解,从而不会将此类风险信息传递到更高层级的政府。所以,当我们对更高层级的政府人员进行调研时,他们对群体性事件风险的感知就更弱些,而对基层干部进行调研时,他们对此类风险感知会更强。不仅是受到行政层级的影响,同时也会受到地域的影响。不同地方的集成改革中能够引发集群行为的因素不同,所以,不同地方的政府人员对群体性风险的认知也会不一样,群体性事件易发生的地区的评价者对群体性风险的感知更高,相反不易发生群体性事件的地区的评价者的风险感知更弱。所以,评估者自身的行政层级以及评估者所在的政府单位的区域成为影响他们对群体性风险的感知朝向高、低两个极端倾斜的原因。

(三)金融资本保障和三大产业协调风险大于区域差距扩大/缩小的原因分析

对于经济风险中的金融资本保障以及三大产业协调风险来说,它们大于区域差距扩大/缩小风险的原因来自两个方面,一是金融资本保障和三大产业协调本身在经济领域中的功能地位很重要,且最容易产生风险;二是在对经济风险评估时,评估者的行政层级大部分较低,缺乏区域评价思维,更多地从地方角度来对风险评价。

1.金融资本保障及三大产业协调的功能决定了它们的风险概率和影响力

在集成改革的经济领域内,产业协调是经济要素能够实现融合的关键。通过集成改革,农业经营体系发生改变,现代化的规模化农业体系正在逐渐形成,而现代化的农业体系不再是局限于单纯的农业经济内,而是通过农业发展带动第三产业的发展,从而实现第一产业与第三产业的互动增长。工业发展是推动区域经济发展的核心,而集成改革中,工业发展,尤其是建立在农业资源和区位优势的基础上的农业类第二产业成为实现三产互动的核心。三大产业的协调是经济发展的关键,而三大产业的协调不是简单设计,他需要集成改革的各方主体在实践中的无缝配合,所以,产业协调工作也变得不那么容易,最容易因为利益协调不到位而产生冲突和不稳定。而产业协调中最为重要的是资金的保障,而资本保障的来源是多样的,根据调研,我们发现部分乡镇统筹城乡建设中的资金来源于村公积金、职能部门专项资金、社会资金和农民自筹资金几个方面。来自政府内部的资金扶持中,村公积金占85.71%,职能部门资金占96.43%,社会资本占比相对更少,只占71.43%。所以,来自市场的资金应该成为促进产业发展的重头戏,但是现实中金融资本保障十分不利。比如,受访者认为金融机构本身对自身的经济风险有一套严格的风险管理和评估体系,它们不愿意在已经预测到自身利益会受到一定损失的情况下去大力支持集成改革,只有当自身风险评估处于较合理的位置时,它们才会大胆给农民放贷。由此可见,三大产业协调的重要性及其困难性增加了风险发生概率,而金融机构的自身理性阻碍了其资本保障功能的发挥,强化了风险影响力。

2. 受行政层级影响,大多数评估者缺少区域性风险评估思维

根据调查问卷的基本情况统计,在评估者的行政层级上,234位评估者,其中科长及其以下人员为207人,占总体的88.5%;处长及其以下职位人员为23人,占总体的9.8%;而处长以上级别人员仅有4人,占总体的1.7%。绝大多数评估人员处于较低的行政层级序列,且大多数都是基层的地方性的公务人员,他们在对经济风险评估时,受到本辖区、本单位等单向因素的影响,导致他们的评估结果更加偏离区域化,而向集成的单要素方向倾斜,因此,他们更多的感知到经济风险中的产业协调风险和金融资本保障风险这些要素性风险,而对系统性的区域性的风险思考的较少。正如同一位于处级的行政人员

告诉笔者,当前集成改革的地方领导大多缺乏系统性思维和区域性思维,不能从区域和系统性角度着眼来思考集成改革的问题,甚至在推动工作时还会造成区域间的非良性竞争,别的区域创新出来一项好的制度和政策,本行政区域就要努力创造出来另外一项政策,但是这些政策往往无法产生实效,甚至产生更大风险。由此可见,评估者受限于行政层级的作用,无法从全域、全局、全方位的视角来正确看待集成改革以及集成改革中的风险,从而导致了他们更偏重于对集成改革中的单要素风险感知,而弱化了对系统性、协调性风险的感知。

(四)权利利益主体保护风险大于环境保护风险的原因分析

在社会风险中,集成改革的权利利益主体保护风险的感知度大于环境保护风险的感知的原因在于前者是本质性风险类型,而后者是表层风险类型。权利利益主体保护风险是本质性风险的原因在于,风险的产生最根本的问题是利益问题,利益分配不均和利益主体保护不到位形成了社会不稳定的隐患,从而成为一项重要的风险。从风险治理来看,有效解决风险困境的方法之一就是理清利益纠纷,促使每一个利益相关者的利益都能得到恰当保护。在集成改革中,企业作为利益相关者之一,他们的权利利益保护成为一项重要的风险问题。在同受访者的访谈中,他们提到部分企业由于在没有弄清国家政策的基础上就贸然进入到企业原本不熟悉的改革领域内,从而造成了企业收益缓慢、无收益的情况,其利益受到了极大损害;除此之外,这些企业也会因为自身特点与当地农村、农民实际情况不符而造成收益慢或无收益的情况。所以,一旦权力利益主体的权益没有得到恰当保护的话,便会引发一系列深层次的问题,它会弱化集成改革主体的参与积极性、减少相关市场主体对集成改革的资金扶持、无法通过企业发展来带动当地经济发展等等问题。而环境保护风险上,它作为一种表层风险对集成改革造成的影响不是实质性的,并且在集成改革的实际中环境风险的影响力和发生概率不是很大。比如,受访者认为虽然在统筹城乡的新村建设中的确会存在因为工程建设而导致当地原生环境发生改变的情况,但是在新型乡村建设的规划中,环境问题已经纳入到规划和建设中,环境保护风险不是影响集成改革整体发展的重大风险。

第五章　研究反思与对策建议

第一节　研究反思

一、对集成推进统筹城乡综合改革风险评估指标体系的反思

集成推进统筹城乡综合改革是一项非常宏大的工程,运用风险评估指标体系对改革中的可能存在的风险和风险发生的概率进行评估,然后根据预定标准评定风险等级,然后寻求降低风险的方法。这种方式能够简便、快速帮助管理者辨识风险,是一种非常科学的方法。所以集成推进统筹城乡综合改革评估指标体系是否能真正测度出集成推进城乡统筹综合改革的风险、各层级指标之间的逻辑结构是否具备科学性、评估指标体系能否真正投入使用,是检测集成推进统筹城乡综合改革风险评估指标体系好与坏的关键概念。通过对集成推进统筹城乡综合改革风险相关文献的研究,本研究设计了集成推进统筹城乡综合改革风险评估指标体系。在评估指标建构完成后,本研究选取了中国城乡统筹的先行者——成都市、古田镇、仙人渡镇、燕坝社区等为案例对象,开展了实证检验以测度评估指标的科学性与适用性。而根据集成推进统筹城乡综合改革风险评估结果而言,本研究所设计的风险评估指标体系具备科学性和可行性,能够正确反映出统筹城乡综合改革的过程中的各项风险及风险源。

首先,风险评估指标体系具有科学性,能够真实反映集成推进统筹城乡综合改革中风险的原因。从理论上来说,本研究的风险指标体系的设计分为两个步骤:首先通过对国内外研究现状所得资料进行分析,系统总结国内外统筹

城乡风险评估研究的理论成果和采取的主要措施,预测主流发展趋势,并与国内已有统筹城乡风险评估的实践经验进行比较,结合我国的现实基础和未来走向,探究集成推进统筹城乡综合改革的风险影响因素,并分析各个因素间的内部联系,设计出初步的风险评估指标体系;然后通过邮件形式让国内学界30位学者进行风险评估指标体系的赋权,删去得分低的指标,最终得出集成推进城乡统筹综合改革的风险评估指标体系。这个风险评估指标体系中共有10项具体指标、4项准则层指标,包含了经济发展、制度构建、社会环境等事项。从实践上来说,在研究的过程中,笔者在五个省份的相关乡镇进行了问卷发放和访谈,各项指标均能得到数据支持,并且获得了政府工作人员和学者的支持。因此,本研究基于文献和专家意见而成的集成推进统筹城乡综合改革风险评估指标符合实践与理论层面的要求,具备一定的科学性,能够真实地反映坚持推进统筹城乡综合改革中风险的原因。

其次,风险评估指标体系具有系统性和层次性,各指标之间、各层级之间的逻辑结构明确。从横向上而来看,本研究中的风险评估指标体系准则层的四项指标制度风险、政治风险、经济风险、社会风险实现了科学分类,能够完整涵盖与统筹城乡改革工作的方方面面,横向上构成了影响风险的一个完整的指标系统;从纵向上而言,本研究中的风险评估指标体系准则层的四项指标能够完整涵盖引发目标层的原因,而指标层的十项指标均是准则层每个指标概念中所含有的具体内容,是一个层层分解、逐步拓展的过程。并且,通过典型案例的实证研究,本研究中的问卷能够完整地覆盖指标体系中的每一个指标,每一个指标均能对应1-3个问题,具有系统性和完整性。因此,本研究所构建的风险评估体系的各层级、各指标间具备明显的关联性,并且指标之间具有互斥性和独立性,做到了兼顾系统性和层次性,能够充分反映引发统筹城乡综合改革风险的逻辑关系。

最后,风险评估指标体系具有可推广性和可操作性,能够运用到地方政府的治理工作中。通过对典型案例的研究,风险评估体系确实能够反映出全国各地在集成推进统筹城乡综合改革工作中取得的成效以及部分的不足之处,并且分析出引发风险产生的具体原因,这就证明本研究所提出的风险评估指标体系具有可操作性,不是纸上谈兵,能够真正运用到实际生活中。而且典型案例中的成都市、重庆市作为集成推进统筹城乡综合改革的"试验田",处于全国领先地位,通过对成渝两地和其他改革试验乡镇的实践验证,也从侧面验证了本研究中的风险评估指标体系存在可以向其他地区甚至全国推广的可能性,当然,这需要更多的理论和实践论证,但我们不能否认这种可能性。因而,本研究中的风险评估指标体系具有可操作性和可推广性。

总而言之,通过典型案例的实证检验,运用风险评估指标体系对全国各地集成推进统筹城乡综合改革过程中可能出现的风险以及风险发生的概率进行研究,得出了科学的结论。因此本研究中的风险评估指标体系在实践层面、理论层面均具有科学性、层次性、逻辑性、可推广性和可操作性,是集成推进统筹城乡综合改革发展的重要工具。

二、对集成推进统筹城乡综合改革风险管理的反思

根据前文分析可得:集成推进城乡统筹综合改革的过程中,社会利益和社会群体的多样化,必将带来利益的碰撞和深层矛盾的暴露,社会系统和社会结构的日趋复杂,促使以往未知的、微小的风险逐渐暴露,如果不加以及时预防和有效的控制,将会对整个社会造成威胁,影响统筹城乡综合改革的进程。为了减少这些风险或者是不确定因素对改革成果的腐蚀和影响,就必须对这些风险进行科学管理,即风险管理。风险管理是指通过风险预警、风险识别、风险估测、风险评价以及风险控制,并在此基础上选择与优化组合各种风险管理技术,对风险实施有效控制和妥善处理风险所致损失的后果,从而以最小的成本收获最大的安全保障。本研究基本遵循了风险管理的步骤,首先通过文献研究和专家意见对风险进行了识别,再运用层次分析法和模糊综合评价法建立风险评估指标体系对集成推进城乡统筹综合改革中的风险进行评估,得出风险评估的结果,最后根据结果分析风险产生的原因并提出相应的对策。但是要想对风险进行更加科学的管理和控制,在以后的研究和实践中还需要不断完善风险预警和风险监控等步骤,弥补本研究的缺失,才能最大限度地减少和消除风险带来的影响,维护改革的成果,从根本上维护人民的利益。因此,作为集成推进统筹城乡综合改革的主体,政府还需要从风险预警和风险控制这两方面完善本研究。

首先,必须建立与健全风险预警机制,预警是防止潜在的风险要素转化为现实破坏因素的重要前提和基础,是集成推进统筹城乡综合改革进程中的警报器。一是要构建新型的风险预警网络体系。前文已经提到,集成推进统筹城乡综合改革的推进给社会的发展带来了许多未知的风险;同时也为风险的防范提出了新的要求。风险预警网络体系就是要在风险还未暴露或者是还未造成危害的时候,及时对可能出现的风险发出预警信号,未雨绸缪地做好应对风险的准备甚至是在风险出现前阻断风险可能出现的路径,这就需要政府建立起一套覆盖城乡的风险预警网络,利用现代信息技术例如网格化等对信息资源进行整合,建立起更多的信息收集和传播的渠道,并对信息进行更加科学全面的分析。在此基础止,做好对风险源、风险类型、风险级别等方面的预测,形成动态管理、立体网络、城乡统筹的风险预警体系,真正做到对风险的"防患于未然"。二是要形成敏锐的问题觉察机制。单独的风险预警网络体系是远远不够的,考虑到理论因素和技术因素可能存在的不准确性和滞后性,不是所有的风险都能被预测到,即使是被预测到,它的危害程度也有可能被人为地缩小和忽略。这就需要问题察觉机制在出现未预测到的风险时发挥作用。当某种风险威胁到社会的稳定与和谐时,能不能及时感知到这种威胁,并作出准确的判断,往往成为能否成功应对风险的先决条件。集成推进统筹城乡综合改革的进程中,在进行风险预警网络体系建设的同时,更应该具备对风险问题的敏锐的洞察力,必须树立强烈的风险意识,特别是针对那些隐藏在深处的、不易被察觉的风险,做好随时应对的准备;同时,要具备快速的反应能力,对已经出现的风险苗头抓早、抓小、抓萌芽,把握住应对风险的先机,将它扼杀在摇篮之中。三是要做好风险的分析与评估。这也是本研究的主要任务:对集成推进统筹城乡综合改革中的风险进行分析与评估,对风险的类型、特征、规律、生存条件、发展趋势等进行深入详细的分析,尽可能地将风险的不确定性显性化,变为可以感知的确定性;同时要对风险所涉及社会群体、可能引发的破坏性后果、危害程度、社会影响等进行事先的评估。并在此基础上,编制各项专项的预警预案,尽早、尽快、尽准地遏制住风险爆发的各种苗头。

其次,建立和完善风险控制体系,风险控制是指风险管理者采取各种措施和方法,消灭或减少风险事件发生的各种可能性及减少风险发生后造成的损失。集成推进城乡统筹综合改革的过程中,风险控制是指在已经明确察觉到风险可能会带来的危害后采取的能够将这种危害最小化的方法。具体的做法有四种:一是风险回避,是指在集成推进统筹城乡综合改革的过程中察觉到可能产生的风险后,有意识地放弃风险行为,以避免损失,这是一种比较消极的对待风险的方式,俗话说"高风险,高收益",放弃风险行为往往也意味着放弃了潜在的收益,一般来说,只有在意识到这种风险会带来十分严重的危害且无法控制时或者存在更低风险的替代方案时才会采取这种方式。二是损失控制,这种方式一般是在风险已经产生影响后,采取各种方法和措施减少风险产生的损失。简单来说,就是一种事后弥补的方式。集成推进统筹城乡综合改革的过程中,不可避免地会存在无法规避的风险,如果对这些风险熟视无睹,放任其发展很有可能会造成无法挽回的损失,必须要对其加以损失控制,例如如果在农村的发展中,由于信息传达不畅等原因出现了"集群行为",这时候如果政府第一时间站出来回应相关质疑并控制现场,就能有效地避免"群体性事件"的发生,防止事件恶化,将损失控制在最小范围内。三是风险转移,将可能出现的风险转移可以大大降低风险程度,一般采取两种方式:主体转移和保险转移,主体转移是指将部分或全部风险转移给一个或多个其他参与者,将风险可能产生的危害分化、缩小;保险转移是指通过购买保险让保险公司承担风险产生的损失。在集成推进统筹城乡综合改革的过程中,许多进入农村发展产业的企业由于可能存在对农村经济情况认知不全的情况,通常会购买保险确保自己的经济风险在可以承担的范围之内,最大范围地将自己的损失控制在最小范围之内。四是风险自留,这种方式一般是在风险无法回避和转移、损失已经造成时,利用自身的资金或物质等来弥补风险带来的损失。例如,在集成推进统筹城乡综合改革的过程中,正如前文提到,由于各种利益冲突和矛盾出现了"群体性事件",已经造成了较为严重的后果时,政府部门可以通过弥补利益受损者的损失、做好民心安抚、问责相关负责人等方式来弥补带来的危害。

最后,建立和完善风险监督机制,完整的风险管理离不开一个高效有力的监督机制,一个多层次的监督机制,可以在城乡统筹发展过程中,将社会、法律和行政等多层次的监督工作联合起来,不仅可以对集成推进统筹城乡综合改革进行全程监督,还可以监督对风险的预警、识别以及控制的全过程以及在这个过程中各个主体对于风险的处理行为,这样才能更好地维护改革成果。风险监督机制一般分为内部监督和外部监督:内部监督是指政府各部门横向和纵向的相互监督,即包括各部门之间的相互监督,也包括上级和下级部门之间的相互监督。集成推进统筹城乡综合改革的过程中,各级政府部门对于风险的预警、识别和处理都需要相互监督,这样能从侧面促使各政府部门做好风险管理工作,提高风险管理的效率和效果;外部监督是指公众、新闻媒体和第三方组织等对集成推进统筹城乡综合改革实施过程中出现的对风险管控不力、不合理的情况提出质疑和抗议,督促政府部门在风险管理的过程中兼顾各方利益,采取科学合理的方式消除风险可能对社会带来的损失。

第二节　对策建议

一、以制度集成破解改革的分散性问题

制度集成难题表现为体制的不完善和机制衔接的不连贯。以技术创新为手段,满足集成改革的制度需求,联动集成的运行机制,实现集成改革的制度集成,从而为集成改革创造宽松的制度环境和政策环境,为集成改革增加制度驱动力。在体制方面,通过完善各项改革制度的配套设置、加强各项改革制度的衔接互动来满足集成改革的制度需求,实现集成改革创造完善的制度配套环境;在机制方面,通过建立激励性的工作联动机制、持续性的改革激励机制和完善成熟的第三方评估机制来促进改革机制的顺畅运行和发展,为集成改革创造良好的制度运行环境。

(一)加强各改革制度的配套衔接

集成改革是"8+1+N"项改革的集成推进,而不是某一项改革的单独行进,在集成改革当中,一项改革的推进往往是"牵一发而动全身",集成推进统筹城乡综合示范建设改革对与之相关的各项制度的配套和衔接要求非常高。因此,需要从市级层面加强产权制度、户籍制度、土地制度和金融制度、"多规合一"制度配套和完善,打造"五制一体"的集成推进统筹城乡的制度框架。

农村产权制度、户籍制度和农村土地制度是集成推进统筹城乡综合示范建

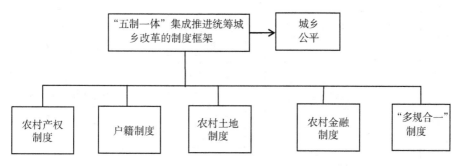

图5-1　"五制一体"集成推进统筹城乡改革的制度框架

设改革当中必然会牵涉到的三大制度,且三者之间是密不可分的;集成推进改革必然会"牵一发而动全身",因此制度之间的衔接和配套就显得尤为重要。完善集成改革的"五制一体"的制度框架,为集成改革提供优越的制度环境,使改革措施具备制度支撑;加强制度之间的衔接,如果制度与制度之间、政策与政策之间、规划与规划之间出现了冲突,这个时候就需要发挥"多规合一"制度的作用了,因此"多规合一"制度则可以作各项制度之间衔接的润滑剂,缓解制度之间的矛盾和冲突,密切制度之间的衔接和互动;农村金融制度是统筹城乡工作中促进农业现代化、推进城乡统筹当中不可或缺的工具,农村金融制度应该融入另外四项制度当中,充分发挥金融制度对统筹城乡工作的正向作用。

（二）建立激励性的工作联动机制

以统筹为核心,加强统筹部门的协调联动,建立激励性的工作联动机制。从统筹工作联动机制的动力源来讲,可通过以下几点来激励统筹工作的有效推进。首先,区县统筹部门需要明确统筹工作的重要性,将统筹工作置于政府工作的重要位置;其次,需加强区县和乡镇统筹部门的地位,赋予其实权,打破有名无实、缺乏权利的尴尬局面;再次,市级城乡统筹发展委员会、区县统筹部门和乡镇统筹单位需重视集成推进改革的统筹工作,不仅需要思想意识层面的重视,也需要对实际行动的重视,领导的重视对于集成改革的推进和工作的联动发挥着不可替代的驱动作用。从统筹工作的工作机制上来讲,需要加强统筹部门的上下级联动和统筹部门与各职能部门的联动,具体见图5-2。

加强各级统筹部门的上下联动,保障纵向沟通的畅通渠道。市级城乡统

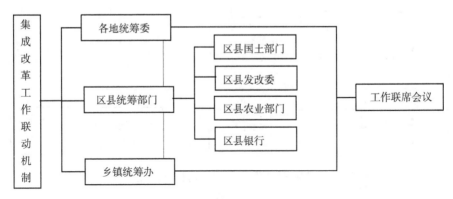

图 5-2   集成改革工作的联动机制

筹发展委员会、区县统筹位和乡镇统筹单位应保障层级上的纵向连通,畅通表达渠道,下级统筹单位定期向上级统筹部门汇报集成改革建设工作,实事求是的反映建设中的成效、问题和需求;区县统筹部门与其平级的各职能部门,如区县国土部门、区县发改委、区县农业部门和区县银行等,应当保持密切的联系,定期召开工作联席会议,区县统筹部门在集成改革中遇到的各项问题应及时告知各职能部门,以更加及时的获得职能部门的配合和帮助,从横向上保障运行机制有效联动。

建立横纵结合的工作互动联席机制,配套统筹专项资金来激励集成改革中统筹工作的良好实现,确保统筹部门有权、有钱来统筹,实现职能部门有动力、有义务来配合统筹,从来形成具有激励性的上下互动、左右互达的集改革工作联动机制,实现集成改革的顺利、顺心的推进。

二、以目标集成完善集成改革的激励评估机制

集成是指为实现特定目标,集成主体创造性地对集成单元(要素)进行优化并按照一定的集成模式(关系)构造成为一个有机整体系统(集成体),从而更大程度地提升集成体的整体性能,适应环境的变化,更加有效地实现整体功能倍增或涌现的过程。在集成推进统筹城乡综合改革示范建设中,对政府而言,如何实现城乡统筹发展、均衡发展是集成改革的关键目标;对基层公务员来讲,在保质保量做好本职工作基础上有所创新、问心无愧就好;而农民而言,

改革与创新与否,均不重要,关于在于能够就近就业、收入提高、生活质量提升、生存环境良好即可。由此可见,在各大利益相关者的多元目标下,如何激励上级部门完善制度并调动基层公务员的集成改革积极和如何调动农民参与集成改革积极性就成为推动集成改革的核心任务之一。

(一)形成持续性的改革激励机制

集成改革是一项长期改革工作,在集成推进集成改革的过程当中,需要注重改革的持续性建设和成果的持续性示范。建立持久性的物质激励与精神激励的双重激励机制,形成可持续的集成改革发展动力。在物质激励层面,建立集成改革分期成效奖金奖励制度,即对于取得良好改革成效的示范点,分阶段评定集成改革优秀示范点,并给予其奖金奖励,激励集成改革示范点继续增进改革激情,推进集成改革发展;投入因地制宜的改革政策扶持,打破集成改革政策瓶颈,随时了解改革进程中的各项需求,适时投入合理的改革政策支持,使改革主体和改革受众都能体会到改革带来的恩惠和成效,从而调动改革主体和改革受众的改革激情,减少改革阻碍,加快改革的发展进程。在精神激励层面,将集成改革工作置于政府工作重点;加强领导的重视;设置集成改革优秀示范奖,并将优秀示范点作为其他示范点或者其他地区的楷模,从精神层面激励改革示范点的积极推进,主动攻坚克难,激励改革主动推进。

(二)加强人才集成的过程管理

集成推进统筹城乡综合改革示范建设涉及农业、信息技术、公共管理等专业学科领域,复合型的管理人才的培养尤为重要。人才的集成不同于人才的集中,它强调人才的合理、优化配置,最大限度地发挥其管理优势。因为人才的集成度与工作效率成正比,人才的集成度越高,集成推进统筹城乡综合改革示范建设的效率也越高。要集成推进或是全域集成推进综合改革,就必须要有适应的人才培养和激励机制,从而避免"外行领导内行"或"外行领导外行",改善基层干部的工作积极性。在人才培养上,要培养适应现代农业发展需要的农业科技人才、农村经纪人、农业专业大户等现代农业经营主体,实现农村"人"转型"人才",最终有利于地方政府从上述优秀人才中选拔有大胆创新、集成改革意愿强烈的人才来承担集成改革任务,并保证集成改革的可持续性。在人才管理上,要建立科学合理的用人机制,使人才得到相应的集成改革的经费保障。一是引导和鼓励高校毕业生面向基层就业,做好选聘大学生到村任职工作;引导农村人才向城市适度有序转移,并配套各项公共服务,解决好流动人才子女的各项社会保障等问题。二是大力提倡城乡干部"双向挂职",大力推进城乡人才互换机制,保障集成改革过程中人才到位,积极发挥人才的带头作用,形成集成改革智力活力,促进统筹城乡的创新发展。

(三)完善成熟的第三方评估机制

引进专业的评估机构,设立专门的评估组织。集成改革是一个长期的过程,改革的始终需要有专业性和专门性的评估机构来考核改革的效果。引入独立于政府和社会的第三方评估机构。评估主体可以选取高校专家、专业公司、社会代表和民众来进行评估,避免现有'群众满意'原则的狭隘性;评估对象可应用于集成改革中的事前、事中、事后风险评估、资产评估、改革成效评估等各个方面,不以一次验收或三年的最终验收结果作为资金追回与否的唯一指标;评估内容不是单纯以项目完成情况与资金使用情况作为唯一内容和群众满意为唯一标准,还包括产村相融、产业互动或联动、生态环境改善、城乡差距缩小、居民收入提高等指标评估内容;评估过程应坚持科学性、客观性和公平性原则,设置合理的评估标准,保证评估结果的公正客观,示范周期末的最终评估结果可以作为示范建设评估的重要权重;评估结果应向大众公开接受社会监督,听取社会意见,并将社会意见反馈给评估主体,进一步优化评估过程(如图5-3)。

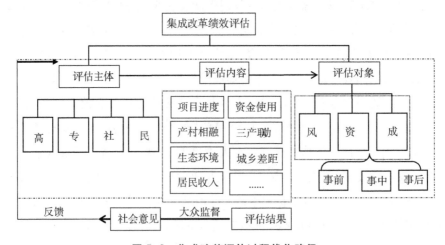

图5-3 集成改革评估过程优化路径

三、以资源集成强化集成改革的可持续性

(一)多途径培养利益相关方的集成改革意识

改革意识引导改革方向,改革方向引领改革路径。一致性的改革意识可以汇聚各方改革力量,凝聚成强大的改革动力,确保正确的改革方向,从而助推集成改革的有效推进。针对目前集成改革中干部群众对"集成"的理解偏差问题,需要开展多次业务培训和广泛的宣传动员工作,通过讲话、政策文件及会议等形式来更新改革观念,在干部群众达成一致性的改革意识,调动群众参与集成改革的积极性和主动性,使其明白"集成推进"和"统筹城乡"不是"8+1+N"在示范点的简单的政策相加,不是单纯地以基础设施建设、项目建设等标准来验收,更多的应该考虑到集成改革所带来的成效,如城乡收入差距缩小的程度、城乡公共服务均等化程度、城乡环境融合程度等指标。只有依托意识创新来引领集成改革,以新的方式来实现城乡统筹和城乡均衡。针对集成改革中人才配置问题,可以根据集成改革工作总量和进度来配置改革人才队伍,对人员不够的情况可以适当增加临聘人员,保证集成改革工作有人来推;发展第二、三产业来吸引社会力量的参与,并为农民创造务工的机会,使其留在当地务工,这样一来,便可以实现集成改革落地,保障改革有人参与,从而才能够真正发挥集成改革的作用,让改革的成果惠泽社会和群众。

(二)建立集成改革建设时限的动态调整机制

因地制宜设置改革建设时限,确保示范建设具有充足时间。集成改革建设示范点大多具备相应的改革基础,由于地区的差异,示范点的改革基础具有好、中、差的区别。基于改革基础的层级差异,可预设三个层次的集成改革建设时限。对于改革基础较好的地区,如新都区、郫县等地,可规定三年的集成改革建设时限;对于改革基础中等的地区,如双流、彭州等地,可规定3-5年的集成改革建设时限;对于改革基础较差的地区,如大邑、金堂等地,可规定5年以上的集成改革建设时限。设置时限动态调整机制,基于改革过程中的实际情况来调整示范点的建设时间,避免改革"死线"阻碍示范点的深入改革。在集成改革示范点建设过程中,如果发现需要更长的建设时间,那么可形成书面请求,向上级统筹部门申请宽限示范点建设时限,上级统筹部门考察实情给予回应。

（三）完善可持续性的改革投入保障机制

维持改革资金政策支持,完善可持续的改革投入保障机制。在集成改革示范点建设完期并验收之后,并不意味着集成改革就已经结束。相反,应该注重集成改革的可持续性,继续保障对示范点建设的资金、政策、人才等投入,尤其是政策投入。改革不是一朝一夕的事,改革也必定会遭遇阻碍和困难。因此,市级统筹委及各区县的统筹部门应该具有长远的发展目光,注重集成改革的可持续性发展和改革成果示范效应的可持续扩展。集成推进改革示范建设过程中应建立长期的资金支持体系,保障集成改革具备充足的资金;加强持续性的政策支持,创造集成改革宽松的政策环境;建立持续性的人才支撑系统,补给充足优质的人才队伍;形成科学合理的评估机制,实现成果示范效应的持续发展和改进。通过可持续性的资金、政策、人才和评估资源的投入,并形成持续性的保障机制,保障示范点建设具有持续的血液和动力继续推进改革,在集成改革中做出创新,实现示范点的深化改革,促进统筹城乡改革工作的稳定推进。

四、以管理集成构建改革的风险防范机制

改革具有不确定性,不确定性致使风险产生,改革风险又进一步阻碍改革顺利进展。因此,需树立改革风险意识,加强风险的识别、预警、成本分担、监测与防范,建立改革的责任分担机制,如此才能确保改革风险责任具备承担主体,激发改革主体和改革受众的改革激情,为集成改革注入新的活力。

（一）完善集成改革的风险识别与预警系统

加强改革风险识别,建立风险预警系统。市级统筹委和各集成改革示范点所在的市、县和镇乡级统筹单位需具备改革风险识别意识,在集成改革的前、中、后能够对风险爱你进行预测、感知和总结。在推进集成改革之前,首先需具备风险源识别的能力,广泛收集民意、考察实情,做好改革前风险源的识别预测和预警工作;在推进集成改革之中,需具备风险的敏感性,改革应深入基层,随时跟进改革的进度,感知改革中出现或隐藏的风险,并将做好风险控制工作,避免改革风险的扩大带来的成本损失甚至是改革的失败;在完成集成改革之后,更加需要总结改革中出现的风险因素,梳理出风险可能会出现的一

些关键环节,建立风险预警系统,完成下一阶段改革工作的风险预防基础性工作,减小集成改革风险出现的可能性,保证示范点改革工作的顺利和成功开展。

(二)建立集成改革责任与成本分担机制

集成改革涉及多方主体和多方利益,改革的内容也涵盖多个领域,而改革中出现的风险和损失必定需要承担者,这样才能使改革在恰当的轨道上行进,保障集成改革达到预期效果。在推进集成改革的过程中产生的风险主要有政府工作人员的政治风险和改革挫败的社会稳定风险,利益相关方均怕承担改革风险,改革意愿并不强烈,只有建立健全合理的风险责任与成本分担的风险保障金制度,才能促进集成主体积极参与改革示范建设。在集成改革中,集成主体包括政府、村社与群众,风险资金池可由三大责任主体共同承担,政府承担风险资金和风险责任的 80% 左右,因为集成改革毕竟是政府主导,其他群体没有能力承担过多的责任和风险。调研中,基层干部要求上级政府承担全部责任和风险,否则他们不敢大胆推行改革工作,显然他们忽略了自己作为改革主体和践行者应有的社会责任。当然,针对基层干部的各种忧虑,县级以上政府部门还是有必要给予一定的责任与风险分担的底线(比如,不可避免的意外因素产生的即可免责,示范镇出现重大社会变故中断改革也可免责等),或预先设定一份责任成本分担清单,将责任与风险按比例分解到每个具体的单位甚至是个人,才能够从更加有力地去推进集成改革达成预期效果。

(三)加强集成改革的风险评估与防范措施

建立风险评估体系,规范风险防范流程。政府出台任何一项改革措施的时候,都要全面实施社会风险评估,充分考虑群众的切身利益和社会的承受能力,切实维护群众的合法权益,最大限度地减少成本损失、增进社会和谐。因此,各级政府部门在申报示范点时,需要依据当项改革的实际情况和风险出现的关键环节来设置科学合理的风险评估体系并把其作为申报附件,再通过风险评估体系来评估风险出现的可能性,从而进一步设置风险防范措施。风险防范措施的设置的前提是需要规范风险防范的流程,即要理顺风险出现的时间先后顺序,分阶段建立风险出现的时间表,根据可能的风险发生时间表来进一步理顺风险防范的流程。只有这样,才能依据风险评估体系来评估风险发生的可能性,按照风险防范流程来设置风险防范措施,从而为集成推进统筹城乡示范点的改革提供安全、可持续的风险保障。

五、以区域集成深化统筹城乡综合改革

针对区域集成中示范片内各镇乡间的松散关系,有必要建议一个集成改革工作联动专项小组(如图5-4),以区域集成深化统筹城乡综合改革工作,否则示范片的建设缺乏示范意义。该专项小组的架构设计应主要遵循"专项小组协调下的多域合一、集成推进"的原则。通过调研得知,基层政府部门中与集成改革关系紧密的主要为:财政科、社保科、企服办、综合科、建管科、统筹办、农经科、土管所等,这些部门除了服从乡(镇)长统一调配,也和县(区)级政府诸对应部门存在从属关系;示范片一般由2到4个乡镇单位组成,各个乡(镇)之间无从属关系,统一对县(区)级政府负责。因此,这一专项小组的应该设在县(区)一级,既能调度每个下级政府各个内部部门,也能调度示范片内的多个政府,从而可以明确权责关系,保证集成改革措施政通令达。其次,专项小组的组员应由县(区)级政府内各相关部门抽调一名成员组成,该成员在原职位上工作时间应该达5年以上,同时由镇(乡)分管集成改革的党委副书记兼任专项小组组长,这可以使小组成员既由技术官僚组成,保证在各个领域推进工作时术有专攻,又能确保集成改革在统一领导下不致偏差。其职责主要有:第一,协调各乡镇级政府部门集成改革工作,遇到须多部门配合时,有权调度之;第二,统筹区域发展步调,发挥各区域长处,形成系统内部集成改革效益最大化;第三,定期培训乡镇机关相关人员,加深其对集成改革的理解和认识。

六、以系统集成强化改革中的"集成"管理

集成管理是新时期较为科学的管理方法,可引导目标协调、竞争互补、突出整体效应、实现功能倍增。集成管理是指以资源为前提、以信息为载体、以价值为导向、以社会和谐为目标,以共识、共力、共赢、共享为基础的管理模式,对各个管理要素注入创造性思维,将集成技术、方法和五大集成要素灵活用于管理全过程,辩证地处理协调组织安排生产力与维护生产关系,以实现系统的

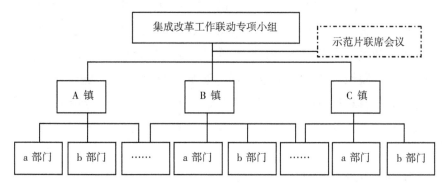

图 5-4 区域集成模式

结构优化和功能倍增,本质是协调的、和谐的管理。各地在集成推进统筹城乡综合示范建设改革的过程中,不能只是把统筹城乡的目标、政策制度、资源和产业等简单集成,还必须对集成理念、集成主体、集成过程等进行协调管理,"1+1>2"(即成本低于"2",收益大于"2")是实施集成管理的必要条件,否则就没有集成管理的必要性,也就谈不实现对统筹城乡集成改革工作的管理状态最佳、管理效果最优的大管理(如图5-5)。

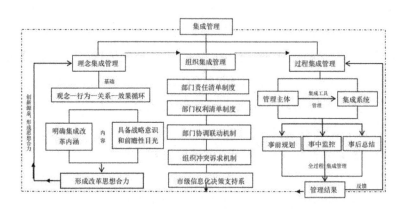

图 5-5 系统集成路径

(一)加强理念集成管理

加强理念集成管理,形成集成改革强大合力。如果在集成推进统筹城乡综合改革示范建设进程仍然按照传统的管理模式,或碰运气、凭直觉,或照经验行事,那么对集成改革的管理就会失效,其结果可能是集成改革过程的混乱,或是集成改革仅是"8+1+N"的简单集中,没有达到集成改革的预期。在观念—行为—关系—效果反复循环的思想认识基础下,理念集成管理要求对于明确的集成改革内涵,需要各级工作人员将集成理念与集成原则结合,形成战略意识和前瞻性目光,使管理实践跳出感觉与经验的藩篱,随着环境、时间的变化动态地管理集成改革全过程;并反过来为集成改革提供创新源泉,理顺集成改革相关人员的思想意识,保证改革人员齐心协力形成合力来共同推进集成改革。

（二）加强组织集成管理

加强组织集成管理,实现集成改革部门联动畅通。集成改革是一项整体性推进的改革工作,如果不发挥好组织的集成管理作用,那么整体推进将会带来更大的摩擦阻力。组织集成管理包括组织制度与管理制度、组织的结构、类型、环境、职责与权力、分工与协作单位,包括适合集成管理的组织流程再造与相适应的规章制度,包括配备具有集成思维能力、管理能力、协调能力与高执行力的人员队伍等。因此,加强统筹城乡集成改革的组织集成管理,要明确与集成改革各相关部门的职责,建立责任清单制度和权力清单制度;要加强各部门之间的协调联动,建立起沟通协调的桥梁;要建立冲突诉求机制,以协调推进集成改革的过程中,组织之间遇到不可协调的摩擦和矛盾。更为关键的是,市级部门需要提高集成管理的信息化水平,充分利用决策支持系统（DDS）进行综合决策,做好集成管理的组织协调工作。只有加强组织的集成管理,实现各组织之间的有机协调,才能促进集成改革工作的顺利运行。

（三）加强过程集成管理

加强过程集成管理,规范集成改革运行流程。集成管理的要素比传统管理要多得多,几乎包含了所有的有形资源和无形资源要素,如果只重视有形资源（如资金）投入而忽视无形资源的投入,基层干部和群众就会缺乏参与集成改革的激励,无形资源的惰性就会对整个集成改革产生抵制,甚至是致命的打击。与此同时,集成改革也区别于传统的单一改革,系统性的改革必然会产生单项改革的风险和多项改革的叠加风险。因此,有必要加强对统筹城乡改革过程的集成管理,对集成改革划分阶段性的管理系统,由不同的管理主体运用提高管理效率的集成工具,对不同的系统制定并形成事前规划、事中监控和事后总结的管理模式,尤其是集成改革成效的及时与畅通的反馈机制,在坚持科学性、系统性、全局性的原则下,强化管理的点、线与面的优势资源的结合力度,建立集成目标、过程、绩效评估与反馈的全过程集成管理模式,规范集成改革的运行流程,促进统筹城乡工作的有序推进。

参 考 文 献

1.《马克思恩格斯全集》第 4 卷,人民出版社 1958 年版。

2.《马克思恩格斯全集》第 23 卷,人民出版社 1972 年版。

3.《马克思恩格斯全集》第 46 卷上册,人民出版社 1979 年版。

4.《习近平主持召开中央全面深化改革领导小组第二十二次会议强调 推动改革举措精准对焦协同发力 形成新发展理念的体制机制》,《人民日报》2016 年 3 月 22 日。

5.《习近平在重庆调研时强调 落实创新协调绿色开放共享发展理念 确保如期实现全面建设小康社会目标》,《人民日报》2016 年 1 月 7 日。

6.《〈中国现代化报告 2018〉聚集产业结构》,新华网,http://www.xinhuanet.com//2018-09/16/c_1123435864.htm。

7.《〈中国现代化报告 2018〉聚集产业结构》,《光明日报》2018 年 9 月 15 日。

8.《2015 年成都市级财政预算出炉 民生投入增加 41 亿元》,《成都日报》2015 年 3 月 14 日。

9.《5 年探索 成都建设"小组微生"新农村综合体 123 个》,搜狐网,http://www.sohu.com/a/69890626_120237/2016-04-18。

10.《财政预算民生投入增加 41 亿》,《成都日报》2015 年 3 月 14 日。

11.《成都市在 15 个副省级城市中教育发展指数排名第一》,四川新闻网,http://edu.newssc.org/system/20171018/002290280.htm。

12.《崇州市建成农村产权流转交易"六大体系"》,《成都日报》2016 年 8 月 16 日。

13.《我国城镇化率升到 58.52%》,新浪网,http://edu.news.sina.com.cn/c/2018-02-05/doc-ifyremfz4981163.shtml。

14. http://news.sina.com.cn/c/2018-02-05/doc-ifyremfz4981163.shtml。

15. 艾琳、陈木新、陈韶红等:《由集中审批到集成服务——行政审批制度改革的路径选择与政务中心的发展趋势》,《中国行政管理》2013 年第 4 期。

16. 安歌军、赵景峰:《基于统筹城乡发展的陕西新农村建设思路研究》,《林业经济》2012 年第 2 期。

17. 陈明红:《"两化"互动、统筹城乡与国民幸福感》,《农村经济》2013 年第 11 期。

18. 陈希玉:《论城乡统筹》,《发展论坛》2003 年第 10 期。

19. 丁新正:《统筹城乡背景下农地流转的模式及风险规避》,《南阳师范学院学报》2008 年第 10 期。

20. 杜文龙、侯远志:《产业链构建与统筹城乡发展的互动机理研究》,《商业时代》2013 年第 6 期。

21. 冯必扬:《社会风险与风险社会关系探析》,《江苏行政学院学报》2008 年第 5 期。

22. 高焕喜、吴炜峰:《机制、机制形成和我国城乡统筹机制形成》,《华东经济管理》2007 年第 9 期。

23. 郭淑芬:《论资源型区域城乡统筹的特殊性》,《中国城市经济》2011 年第 9 期。

24. 海峰、李必强、向佐春:《管理集成论》,《中国软科学》1999 年第 3 期。

25. 洪楠:《SPSS for Windows 统计分析教程》,电子工业出版社 2009 年版。

26. 黄立华:《习本新农村建设及其对我国的启示》,《长春大学学报》2007 年第 1 期。

27. 姜作培:《统筹城乡发展——主要矛盾和出路分析》,《理论前沿》2003 年第 11 期。

28. 蒋萍:《重庆农村土地交易所地票交易风险及防范研究》,西南大学 2012 年博士学位论文。

29. 鞠正江:《推进社会主义新农村建设的几个着力点》,《理论学习》2006年第 7 期。

30. 柯惠新:《调查研究中的统计方法》,北京广播学院出版社 1996 年版。

31. 李宝山:《集成管理——高科技时代的管理创新》,中国人民大学出版社 1998 年版。

32. 李钒、侯远志、张燕君:《产业链构建与统筹城乡发展研究》,《山东社会科学》2013 年第 8 期。

33. 李强:《"丁字型"社会结构与"结构紧张"》,《社会学研究》2005 年第 2 期。

34. 李瑞光:《国外城乡一体化理论研究综述》,《现代农业科技》2011 年第 17 期。

35. 李水山:《韩国新村运动对农村经济发展的影响》,《当代韩国》2001 年第 2 期。

36. 李同升、库向阳:《城乡一体化发展的动力机制及其演变分析——以宝鸡市为例》,《西北大学学报(自然科学版)》2003 年第 3 期。

37. 李颖:《统筹城乡进程中的社会风险及应对机制研究》,《云南行政学院学报》2010 年第 5 期。

38. 李岳云、陈勇、孙林:《城乡统筹及其评价方法》,《农业技术经济》2004 年第 1 期。

39. 刘荣增:《把城镇密集区率先建设城乡统筹示范区的构想》,《城市发展研究》2007 年第 7 期。

40. 陆益龙:《社会主要矛盾的转变与基层纠纷的风险》,《学术研究》2018 年第 6 期。

41. 马晓河:《统筹城乡发展要解决五大失衡问题》,《宏观经济研究》2004 年第 4 期。

42. 潘斌:《社会风险论》,华中科技大学 2007 年博士学位论文。

43. 亓莱滨、张亦辉:《调查问卷的信度效度分析》,《当代教育科学》2003 年第 22 期。

44. 曲亮、郝云宏:《基于共生理论的城乡统筹机理研究》,《农业现代化研究》2004 年第 9 期。

45. 任远、蔡圣丞:《中中农村土地银行的风险分析》,《湖北农业科学》2017 年第 7 期。

46. 邵校、海峰、陈立:《区域物流系统的协调机制研究》,《物流技术》2007 年第 10 期。

47. 石忆邵、何书金:《城乡一体化探论》,《城市规划》1997 年第 5 期。

48. 时立文:《SPSS 19.0 统计分析——从入门到精通》,清华大学出版社 2012 年版。

49. 宋林飞:《中国社会风险预警系统的设计与运行》,《东南大学学报》1999 年第 1 期。

50. 宋艳、苏子逢、孙典:《新生代农民工社会融合过程中产生社会风险机理研究——基于多阶段动态博弈模型分析》,《东北大学学报(社会科学版)》2017 年第 5 期。

51. 滕飞:《重庆市统筹城乡发展路径研究》,重庆工商大学 2012 年硕士学位论文。

52. 田美荣、高吉喜:《城乡统筹发展内涵及评价指标体系建立研究》,《中国发展》2009 年第 5 期。

53. 王登龙、郭立志:《英国城乡统筹推进城市化进程的经验》,《当代经济管理》2007 年第 5 期。

54. 王骏:《关于统筹城乡综合配套改革试验的进展、问题与对策》,《西南大学学报》2008 年第 7 期。

55. 王乾坤:《集成管理原理分析与运行探索》,《武汉大学学报》2006 年第 3 期。

56. 王伟勤:《统筹城乡发展制度创新中的风险防范》,《电子科技大学学报》2012 年第 4 期。

57. 王卫星:《我国城乡统筹协调发展地缴纳额与对策》,《华中师范大学学报》2011 年第 1 期。

58. 王旭东、杜雪:《我国统筹城乡发展演变和模式简述》,《生产力研究》2013 年第 8 期。

59. 王增文:《风险社会、保障性资源配置和神灵诉求行为——中国农村社会风险预警体系研究》,《青海社会科学》2018 年第 1 期。

60. 温志强、滑冬玲:《社会转型期的社会风险分析及防范应对》,《理论学刊》2017 年第 3 期。

61. 吴根平:《统筹城乡发展视角下我国基本公共服务均等化研究》,《农村经济》2014 年第 2 期。

62. 吴秋明、李必强:《集成与系统的辩证关系》,《系统辩证学学报》2003 年第 3 期。

63. 吴伟年:《城乡一体化的动力机制与对策思路》,《世界地理研究》2002 年第 4 期。

64. 阎星、李霞、高洁:《基于系统理论的统筹城乡发展研究》,《经济社会体制比较》2008 年第 5 期。

65. 杨荣南,张雪莲:《城乡一体化若干问题初探》,《热带地理》1998 年第 1 期。

66. 余吉安、高全、高向新等:《再论集成理论的基本问题》,《生产力研究》2009 年第 4 期。

67. 余子鹏:《中国农村金融演变、创新和风险管理》,华中科技大学 2006 年博士学位论文。

68. 张晖:《我国统筹城乡发展模式的反思及矫正建议》,《中州学刊》2012 年第 11 期。

69. 张立:《土地承包经营抵押制度障碍与重构》,西南财经大学 2012 年硕士学位论文。

70. 张秋:《美日城乡统筹制度安排的经验及借鉴》,《亚太经济》2010 年第 3 期。

71. 张正义:《我国风险投资核心利益相关者关系研究》,西南财经大学 2012 年硕士学位论文。

72. 赵彩云:《我国城乡统筹发展及其影响因素研究》,中国农业科学院 2008 年硕士学位论文。

73. 赵延东:《解读"风险社会"理论》,《自然辩证法研究》2007 年第 6 期。

74. 甄峰:《城乡一体化理论及其规划探讨》,《城市规划汇刊》1998 年第 6 期。

75. 郑杭生、洪大用:《中国转型期的社会安全隐患与对策》,《中国人民大学学报》2004 年第 2 期。

76. 钟杨:《重庆地票交易制度风险防控研究》,西南大学 2012 年硕士学位论文。

77. 朱建军:《层次分析法的若干问题研究及应用》,东北大学 2004 年博士学位论文。

78. [英]安东尼·吉登斯:《现代性的后果》,田禾译,译林出版社 2000 年版第 4 至 9 页。

79. Niklas Luhmann. Risk:A Socio logical Theory [M]. Berlin:de Gruyter,1993,p. 33.

80. Ulrich Beck. Risk Society:Towards a New Modernity [M]. London:Sage Publications,1992,p. 20.

组稿编辑：姜　玮
责任编辑：李椒元
编辑助理：程　露
装帧设计：徐　晖
责任校对：吕　飞

图书在版编目（CIP）数据

集成推进统筹城乡综合改革风险评估研究/衡霞,谭振宇 著. —北京：
人民出版社,2020.9
ISBN 978－7－01－021853－3

Ⅰ.①集…　Ⅱ.①衡…②谭…　Ⅲ.①城乡建设-风险评价-研究-中国　Ⅳ.
①F299.2

中国版本图书馆 CIP 数据核字（2020）第 013605 号

集成推进统筹城乡综合改革风险评估研究

JICHENG TUIJIN TONGCHOU CHENGXIANG ZONGHE GAIGE FENGXIAN PINGGU YANJIU

衡　霞 谭振宇 著

人民出版社 出版发行

（100706　北京市东城区隆福寺街 99 号）

北京虎彩文化传播有限公司印刷　新华书店经销

2020 年 12 月第 1 版　2020 年 12 月北京第 1 次印刷
开本：710 毫米×1000 毫米 1/16　印张：11.25
字数：178 千字

ISBN 978－7－01－021853－3　定价：35.00 元

邮购地址 100706　北京市东城区隆福寺街 99 号
人民东方图书销售中心　电话（010）65250042　65289539